bettina 16/11/05

Daniel Hell

Aufschwung für die Seele

HERDER spektrum

Band 5572

Das Buch

Körper und Gehirn des Menschen werden durch die neuesten medizinisch-neurologischen Forschungen immer besser erschlossen – die Dimension des Seelischen tritt demgegenüber in den Hintergrund. Dabei ist sie unerlässlich, um menschliches Erleben zu verstehen. Das innere, seelische Erleben eines Menschen ist genauso bedeutsam wie seine äußeren Wahrnehmungen. Das „innere Auge" sieht nicht, sondern spürt, fühlt und empfindet. Es ist die Seele, die die individuelle Lebendigkeit eines Menschen ausmacht. Wer sich auf sein inneres Erleben einlässt, verlässt den sicheren Hafen des empirisch Erforschbaren und der logischen Gesetzmäßigkeiten. Die Welt des Seelischen ist eine Welt für sich, die erschreckend sein kann, aber auch reich an intensiven Eindrücken, die den ganzen Menschen betreffen: Wer seelisch empfindet, erlebt etwas mit Kopf und Herz, im Bauch und durch die Haut. Im Falle einer tiefen Erfahrung von etwas Unsagbarem hat das Seelische auch mit religiösem Erleben zu tun. Es ist wohl die Intensität und Unberechenbarkeit des seelischen Erlebens, die in der modernen Medizin und Psychotherapie zu einer Angst vor dem Seelischen geführt hat, das folgerichtig ausgegrenzt wird: Daniel Hell, erfahrener Psychotherapeut und Psychiater, der selbst neurowissenschaftliche Forschung betreibt, erlebt in seiner Praxis immer mehr Menschen, die ihrem leib-seelischen Empfinden nicht vertrauen und ausschließlich medikamentöse Hilfe suchen. Analog dazu trifft er auf Kolleginnen und Kollegen, die eine „Seele" ablehnen und nur noch von Gehirnprozessen ausgehen. Ohne den Erkenntnissen der modernen Medizin und Neurobiologie ihre Berechtigung und große Bedeutung abzusprechen, plädiert er nachdrücklich dafür, sich wieder neu einzulassen auf das „Mehr" des seelischen Erlebens. Wo die seelische Dimension die körperlich-geistige ergänzt, bekommt das Leben eine größere Spannweite, ergeben sich neue Möglichkeiten, sich selbst und die Welt zu verstehen, wird heilsame Erfahrung eines leib-seelischen „Ganz-Seins" möglich.

Der Autor

Daniel Hell ist Professor für Klinische Psychiatrie und Direktor an der Psychiatrischen Universitätsklinik Zürich. Ein Schwerpunkt seiner Tätigkeit liegt auf der Erforschung und Behandlung von Depressionen. Zahlreiche Publikationen; bei Herder Spektrum: Die Sprache der Seele verstehen. Die Wüstenväter als Therapeuten.

Daniel Hell

Aufschwung für die Seele

Wege innerer Befreiung

HERDER

FREIBURG · BASEL · WIEN

Gedruckt auf umweltfreundlichem,
chlorfrei gebleichtem Papier
Originalausgabe

www.herder.de
Satz: Barbara Herrmann, Freiburg
Druck und Bindung: fgb · freiburger graphische betriebe 2005
www.fgb.de
Umschlaggestaltung und Konzeption:
R·M·E München / Roland Eschlbeck, Liana Tuchel
Umschlagmotiv: René Magritte, La grande famille, 1962,

ISBN 3-451-05572-4

Inhalt

„Seele des Menschen,
wie gleichst du dem Wasser!"
J. W. Goethe

Das altgermanische Wort Seele ist wahrscheinlich
eine Ableitung von See.
Duden Herkunftswörterbuch

„Endet das Lied der See an der Küste oder
in den Herzen derer, die es vernehmen?"
Khalil Gibran

Einführung

Mit Leib und Seele

Umkehr der Sorge: Gesundheit statt Seelenheil

Der Körper erhält heute jene Aufmerksamkeit, die früher die Seele erfahren hat. Im Mittelalter bangten die Menschen um ihr Seelenheil. Sie sorgten sich darum, dass ihre Seele vor dem Weltenrichter für zu leicht befunden würde. In vielen Kirchen wurde der Erzengel Michael als Seelenwäger dargestellt. Die überaus mächtigen und eindrucksvollen Darstellungen des Jüngsten Gerichts führten den Menschen vor Augen, dass ihre Lebensführung über Himmel und Hölle entscheidet.

Heute plagt die meisten Menschen eine andere Sorge. Sie fürchten um ihr Lebensglück. An die Stelle des Seelenheils ist die Sorge um die körperliche Gesundheit getreten. Nicht mehr Hölle und Fegefeuer schrecken sie, sondern Vorstellungen von unheilbaren Krankheiten.

Ohne Zweifel hängt die Verschiebung der Sorge vom Jenseits ins Diesseits mit einem gesellschaftlichen Säkularisationsprozess zusammen. Doch lässt sich damit die Abkehr von der Seele nicht genügend erklären. Auch ist es ist fraglich, ob der Körper, solange er als materieller Stoff verstanden wird, dem Menschen tatsächlich so viel bedeutet. Er dürfte nur deshalb im Zentrum der Aufmerksamkeit stehen, weil er eine wichtige Grundlage für das menschliche Empfinden und Fühlen darstellt. Nicht der Körper an sich – etwa das krebskranke Lungengewebe, das in Vorbeugekampagnen gegen das Rauchen plastisch, aber leider oft vergebens vor Augen geführt wird – beschäftigt die Menschen, sondern das damit zusammenhängende Leiden, das gerade nicht sichtbar zu machen ist.

Der Kult um den Körper und das ängstliche Beobachten seiner Funktionen lenkt in vielen Fällen davon ab, sich mit einer tiefer sitzenden Sorge um das leib-seelische Empfinden zu beschäftigen. So begegne ich in meinem Arbeitsfeld zunehmend Menschen, die ihrem eigenen Erleben misstrauen und ihre Lebensprobleme auf Funktionsstörungen des Gehirns zurückführen. Sie erwarten deshalb vor allem medikamentöse Hilfestellungen.

Auch in der akademischen Psychiatrie treffe ich öfter Lehrer und Forscher, welche die Seele in Gehirnprozesse aufzulösen suchen und dem seelischen Erleben wenig Bedeutung beimessen. Beides kann als Ausdruck eines Misstrauens gegenüber seelischen Vorgängen verstanden werden. Es hat eine Art „Seelenexorzismus“ zur Folge.

In der Fachliteratur wird die Ablehnung der Seele vielfach mit einer wachsenden Skepsis gegenüber dem dogmatischen Gebrauch religiöser Seelenvorstellungen in Zusammenhang gebracht. Sie wird auch als Reaktion auf eine verfälschende Idealisierung der „schönen Seele“ in der Romantik verstanden und mit neurowissenschaftlichen Fortschritten erklärt. Dabei sollte man es nicht bewenden lassen. Denn die Vernachlässigung der Seele kann auch eine verbreitete Angst vor dem Seelischen ausdrücken.

Seelenangst

Was wir empfinden und fühlen, ist nicht in den Griff zu bekommen. Es bestimmt uns in schwer fassbarer Art und Weise. Deshalb macht das Seelische gerade auch Menschen Angst, die alles nur rational begreifen und bestimmen wollen. Die Flucht in eine intellektuell verstandene Welt soll die Vielschichtigkeit und Unerklärbarkeit der Seele vergessen lassen. Widerstand – ein Begriff der Psychoanalyse – ist nur ein anderes Wort für das Vermeiden seelischer Weite und Tiefe.

Jeder Schritt zu vertieftem seelischen Erleben bedeutet ein gewisses Risiko, oft ein Aufgeben früherer Sicherheiten und ein Abschiednehmen von Gewohnheiten und fixen Vorstellungen. Wer sich dem konkreten seelischen Erleben aussetzt, verlässt den sicheren Hafen abstrakter logischer Gesetzmäßigkeiten. Nicht zufällig leitet sich das deutsche Wort „Seele“ von der See ab, die in ihrer Tiefe unergründlich ist und im Sturm wild aufbegehrt.

Die „Angst vor der Seele“ kann mit einer „Angst vor der See oder dem tiefen Wasser“ verglichen werden. Sie ist dem Festlandbewohner eigen, der das Meer nicht kennt. Wer sich jedoch der Angst vor dem Seelischen stellt, erfährt wie der Seereisende eine neue Welt, die zwar nicht ohne Schrecken, aber reich an intensiven und bewegenden Eindrücken ist.

Innerliche bzw. leib-seelische Erlebnisse sind genauso wirklich wie äußere Wahrnehmungen und objektivierbare Beobachtungen. Beide zusammen machen die menschliche Erfahrungswelt aus. Die Einschränkung des einen ist so schwerwiegend wie die des anderen. Wo das eine überhand nimmt und nicht durch das andere aufgewogen wird, verliert der Mensch an Gleichgewicht. Er läuft Gefahr, im Balanceakt des Lebens den Tritt zu verlieren.

Inneres Erleben und äußere Beobachtung ergänzen sich. Sie verhalten sich komplementär zueinander. Diese Komplementarität prägt das menschliche Leben. Sie zeigt sich im Verhältnis des Menschen zu sich selbst und gleichzeitig in seinem Verhältnis zur Welt.

Der Mensch in seiner zwiefältigen Ganzheit

Der Mensch bewohnt die Erde und ist doch Teil von ihr. In gleicher Weise ist der Mensch in seinem Körper zu Hause und ist doch auch dieser Körper selber. Der Mensch ist von seinem Körper abhängig und benutzt ihn doch wie ein Instrument. So lernt er als Kind mit seinem Körper greifen, stehen und gehen, später reden, lesen und schreiben. Der Körper ist aber auch seine Wohnstätte, die er mit Kleidern schmückt und durch Handlungen und Haltungen prägt. Dadurch verwandelt sich der Körper. Er erhält zunehmend einen persönlichen Ausdruck. Was ihm von Natur mitgegeben ist, wird kulturell geformt und individuell entfaltet.

Mit dem Heranwachsen erweitert der Mensch seinen Spielraum und seinen Handlungsbereich. Seine Einflusssphäre reicht jetzt weit über seinen Körper hinaus. Mit dem Älterwerden wird auch sein innerer Erlebensraum größer. Er erfährt seinen Körper wie eine erspürbare Landschaft, die ihm Eindrücke vermittelt. Er nimmt den eigenen Körper als Leib wahr, der Lust verschafft, schmerzt, juckt, hungert und sich sexuell erregt. Er erlebt ihn als Stätte verschiedenster Empfindungen und als Ausgangspunkt seines Tuns.

Dadurch erhält der Körper eine Art doppelte Natur. Zum einen ist er stoffliches Gehäuse, ein körperliches Ding, das der Mensch als Werkzeug benutzen kann. Zum andern wird er als Leib verspürt, der von Lebenskraft durchströmt wird. In dieser inneren Leiberfahrung nimmt der Mensch etwas wahr, das der äußerlichen Beobachtung des Körpers abgeht. Dieses Zusätzliche, das den stofflichen Körper vom lebenden Leib unterscheidet, ist im Abendland von alters her „Seele“ genannt worden.

Schon bei Platon findet sich folgender Dialog zwischen Sokrates und Alkibiades (Alkibiades I, 129 e):

Sokrates: Und nicht wahr, auch seinen ganzen Körper gebraucht der Mensch?

Alkibiades: Freilich.

Sokrates: Und derjenige, der gebraucht, ist verschieden von demjenigen, was gebraucht wird?

Alkibiades: Freilich.

Sokrates: Verschieden ist also auch der Mensch von seinem eigenen Körper?

Alkibiades: So scheint es.

Sokrates: Was also ist der Mensch?

Im Weiteren führt Platon aus, dass die gebrauchende Instanz, die sich vom gebrauchten Körper unterscheidet, Seele genannt wird.

Die Seele – das unverzichtbar Unbekannte

Die Seele steht somit für das Unbekannte, das den Menschen zu mehr als einem stofflichen Wesen macht. Man könnte dieses Unbekannte in mathematischer Sprache als ein X oder in religiös-mystischer Rede als Unsagbares – als „es ist, was es ist" – bezeichnen. In jedem Fall ist das Seele genannte Unbekannte aber ein notwendiger Zusatz, der zur Charakterisierung des wirkenden und erlebenden Menschen unverzichtbar ist.

Solange der Mensch wissenschaftlich nur als stofflicher Körper erforscht wird, bleibt ausgespart, was Menschen fühlen und tun. Die leib-seelische Qualität des Erlebens und Tuns ist nur dem „inneren Auge" zugänglich. Dieses „innere Auge" ist aber kein optisches Organ. Es sieht nicht, sondern spürt, fühlt und empfindet. Die leib-seelische Qualität setzt eine Lebendigkeit voraus, die vom Körper ausgeht und ihn gleichzeitig durchströmt. Die Weisheit der Sprache hat deshalb den Begriff des „Leibes" gebildet, der Körper und Seele vereint.

Anders gesagt: Der Leib ist der beseelte Körper. Leib und Seele gehören zusammen. Sie bilden ein Wortpaar, das nicht schadlos getrennt werden kann. Schon im frühen Juden- und Christentum war Seele gleichbedeutend mit dem leiblichen Leben. Seele und Leib wurden als Einheit verstanden.

Diese ganzheitliche Auffassung wurde im Mittelalter in Frage gestellt, als die kirchliche Lehre zunehmend von der griechischen Philosophie beeinflusst wurde. Vor allem die Übernahme der Lehre Platons – etwa durch Augustinus – stellte die Einheit von Leib und Seele in Frage. Die Seele wurde vom Leib abgekoppelt und idealisiert. Gleichzeitig wurde der Körper abgewertet.

Die zweiseitige Bedrohung der Seele – durch Körper und Geist

Platon hat im höheren Teil der Seele – im Geist (griechisch: nous, lateinisch: mens) – eine überirdische und unvergängliche Substanz gesehen. Er vertrat eine Reinkarnationslehre, nach der sich die Seele vorübergehend mit dem Köper vereint, um nach dessen Sterben selbständig weiterzuleben. So konnte er sagen: „Der Körper ist der Kerker der Seele." In der christlichen Gnosis wurde diese dualistische Auffassung auf die Spitze getrieben, indem versucht wurde, das „reine" Geistige vom „sündhaften" Körperlichen zu befreien.

Erst nach Wiederentdeckung der Schriften von Aristoteles, des anderen großen griechischen Philosophen, der die Seele als formende Kraft mit dem Körper verband, hat sich im Hochmittelalter der Kirchenlehrer Thomas von Aquin wieder für ein integriertes leib-seelisches Konzept stark gemacht. Er trat der platonisch beeinflussten Abwertung des Körpers entgegen, indem er die Inkarnation Gottes in den menschlichen Leib am Beispiel von Christus hervorhob.

Heute droht eine andere Gefahr. Nicht die vergeistigte Seele soll zum Absoluten gemacht werden, sondern der materielle Körper. Damit scheint aber auch der Leib ausgespielt zu haben. Denn wo der Mensch nur Körper ist, ist auch keine leib-seelische Einheit nötig.

Trotzdem trägt die moderne Auseinandersetzung auch traditionelle Züge. Die Dominanz des Körpers führt nämlich dazu, dass die gemüthaften (affektiven) Anteile des Seelischen zurück gedrängt werden, während Bewusstsein und Geist neues Interesse finden. Gleichsam im Windschatten der materialistischen Stoßrichtung wird heute die Frage nach dem Verhältnis von Geist und Körper bzw. von Geist und Gehirn neu aufgeworfen. Damit rückt die geistige oder mentale Dimension in den Vordergrund, die schon früher dazu beigetragen hat, den Leib mit seinen fühlenden und tätigen Seelenaspekten abzuwerten. Die ideelle Geist-Seele hebt sich erneut – wie schon bei Platon und Augustinus – von den niederen (vegetativen und animalischen) Teilen der ursprünglichen Seelenvorstellung ab. Als Informationsträger von Nachrichten verstanden, wird der Geist in der Moderne zu dem, was die Materie braucht, um sich zu organisieren. Das Lebendige löst sich in Bewusstsein, das heißt in Wissen und leblose Information, auf.

Das hat auch damit zu tun, dass die heutige Wissenschaft dem empirisch untersuchbaren Körper und den geistigen (intellektuellen) Prozessen näher steht als dem seelischen Fühlen und Handeln, das im wissenschaftlichen Prozess als subjektiver Störfaktor erscheint. Deshalb gerät nicht der erkennende Geist, sondern das Fühlen der Seele – und der mit ihr verbundene Leib – ins Kreuzfeuer der modernen Kritik.

Gehirn und Geist als moderne Leitbegriffe

Jede Epoche hat ihr eigenes Welt- und Menschenbild. Welche Auffassung vom Menschen und seiner Umwelt jeweils vorherrscht, drückt sich sprachlich in Worten aus, die häufig hervorgehoben und repetiert und dadurch zu Leitbegriffen werden. Solche modischen Leitworte geben prägnant wieder, was die Menschen in ihrer Zeit beschäftigt. In der frühen Christenheit war „Gott und Mensch" ein solches Leitbegriffspaar. Heute bilden „Gehirn und Geist" schlagwortartig ab, was moderne Menschen umtreibt, unabhängig davon, ob sie eher naturwissenschaftlich orientiert oder geisteswissenschaftlich interessiert sind. Nicht zufällig hat die Weltgesundheitsbehörde die 90er-Jahre des 20. Jahrhunderts als „Dekade des Gehirns" ausgerufen und die Erforschung des Zusammenhangs von Gehirn und Geist zum wichtigsten Ziel erklärt.

Auch religiöse Menschen können sich in der Spätmoderne dem Zeitgeist nicht entziehen. So findet sich im modernen Christentum eine ähnliche Verschiebung des Schwerpunktes vom Seelisch-Bindenden zum Geistig-Autonomen wie in der säkularisierten Wissenschaft. Das zeigt sich besonders deutlich am zunehmenden Gebrauch des Wortes „Spiritualität". Während im alten Begriff Religion oder Religiosität (von lat. religio: Bindung) ein seelisch-gemüthaftes Betroffensein mitschwang, ist das moderne Ersatzwort Spiritualität (von lat. spiritus: Geist) ein rationaler Begriff, der dem erkennenden Bewusstsein nahe steht – sei es im mehr östlichen Sinne einer alles umfassenden Bewusstheit oder in einem mehr westlichen Sinne des Bewusstwerdens von sich selbst.

Die beiden Leitbegriffe der Moderne – Geist und Gehirn – passen zueinander wie Schlüssel und Schloss. Sie gehören zusammen, ohne ineinander aufzugehen. Ohne Geist gibt es keine Erkenntnis des Gehirns, ohne Gehirn keinen Geist.

Anders verhält es sich mit dem älteren Wort „Seele". Die Seele vermag weder Gehirnvorgänge zu klären, noch ist das Gehirn mit seelischen Vorgängen gleichzusetzen. Seelisches Erleben hat vielmehr mit Vorgängen des ganzen Leibes zu tun. Was seelisch erfahren wird, geschieht nicht nur im Gehirn, sondern im Herzen (mit dem Herzschlag), in der Lunge (mit dem Atem), im Bauch (mit dem Sonnengeflecht), an der Haut (mit Erröten und Erbleichen) usw.

Seele und Leib als Symbole des Lebens

Wer von Seelischem spricht, hat es mit leiblichen Erfahrungen zu tun. Das geflügelte Wort „mit Leib und Seele" drückt aus, dass ein Mensch mit seinem ganzen Wesen bei einer Sache ist. „Leib und Seele" ist somit ein Begriffspaar, mit dem wir unser Sein, unsere Existenz charakterisieren. Demgegenüber bezeichnen wir mit „Körper und Geist" – oder neuerdings: mit „Gehirn und

Geist" – sachliche Verhältnisse, die sich objektiv beschreiben lassen. Körper bzw. Gehirn und Geist *haben* wir, Seele und Leib *sind* wir. Wir haben ein Nervensystem, physiologische Funktionen, denkerische Möglichkeiten etc., aber wir sind seelisch erregt oder leiblich angeregt etc. Weil wir sind, wenn wir uns spüren, ist seelisches Erleben mit dem Leben verbunden.

Niemals, in keiner historischen Epoche, konnte man sich eine tote Seele vorstellen. Man konnte sich höchstens vorstellen, dass die Seele verloren geht. Die Seele symbolisiert von alters her das, was lebt und gegenwärtig ist. Auch deshalb ist sie in früheren Zeiten als ewig – im Sinne von zeitlos – charakterisiert worden.

Seelisches Erleben kann zwar erinnert, aber nicht festgehalten werden. Was erlebt wird, ist immer wieder – Moment für Moment – neu. Deshalb kann Friedrich Schiller sagen: „Spricht die Seele, so spricht, ach! schon die Seele nicht mehr."

Das Seelische ist im Gegensatz zum Körperlichen auch von außen nicht ganz zu fassen. Die Augen werden zwar als Fenster zur Seele bezeichnet, aber was eine Person seelisch erlebt, ist letztlich nur von dieser Person zu spüren.

Die Seele ist kein Ding und keine Vorstellung, sondern der Mensch erfährt sich seelisch, wenn er auf sein Erleben und Tun achtet. Sieht er von seinem eigenen Erleben und Handeln ab, findet er auch keine Seele – weder im Herzen noch im Gehirn.

Auch der Leib ist dem Leben verhaftet. Wer „leibt", lebt. Wer verstorben ist, „leibt" nicht mehr. Der Verstorbene hinterlässt einen Körper, der seziert und analysiert werden kann, aber keinen Leib. Sprachgeschichtlich leitet sich das deutsche Wort „Leib" von einem alt-germanischen Wortstamm ab, der „Leben" (englisch: life) bedeutet. Demgegenüber ist das Wort „Körper" dem lateinischen „corpus" (auch Stoffmasse, Körperschaft) entlehnt.

Der Leib wird zwar oft mit dem Körper gleich gesetzt. Er umfasst aber, wie ausgeführt, mehr als den stofflichen Körper. Er schließt auch das seelische Erleben ein.

Der Körper ist ein hoch komplexer Organismus, der in seine kleinsten Einheiten aufgelöst und analysiert und dann wieder hinsichtlich der Wechselwirkungen dieser Teilchen und Organe zusammengesetzt und untersucht werden kann. Der Leib ist demgegenüber ein unteilbares Ganzes. Leibliche Empfindungen lassen sich nicht zerlegen. So ist Bauchweh nicht in zwei Bauchwehs, Hungern nicht in einen linken oder rechten Hunger aufteilbar.

Der Leib als Territorium des Selbst

Der Leib unterscheidet sich vom Körper auch darin, dass die Grenzen des Körpers durch die Hautoberfläche klar definiert sind, während der Leib Empfindungen mit umfasst, die räumlich weiter ausgreifen – etwa wenn der Blinde einen Widerstand mit seinem Stock erfühlt. Auch lässt sich die Nähe eines Menschen leiblich erspüren, sodass der leiblich erfahrbare Raum über die Körpergrenzen hinausreicht.

Dieses nur scheinbar paradoxe Phänomen hat wichtige praktische Konsequenzen. Es lässt z. B. verstehen, dass Menschen unvertraute Mitmenschen nur auf eine bestimmte Distanz an sich heranlassen, weil der sie umgebende Raum bereits zu ihrer Leibsphäre gehört.

Das zeigen eindrücklich klinische Beispiele: Meine Patientin Ruth S. gerät in Panik, wenn fremde Menschen ihre Wohnung betreten. Sie hat nicht etwa Angst, dass ihr Schmuck gestohlen oder Möbel beschädigt werden könnten. Sie empfindet vielmehr Herzklopfen und Atemnot, wenn an ihrer Tür geläutet wird, weil das Betreten ihrer Wohnung durch einen Fremden ein Eindringen in ihre leibliche Intimsphäre bedeutet. Früh in ihrem Leben sexuell missbraucht, hat Frau S. die Grenzen ihrer Leiblichkeit immer weiter nach außen verschoben. Heute ist ihre Wohnung Teil ihrer Leibsphäre. So ist es zu verstehen, dass selbst Mücken oder kleine Spinnen, die einen Weg in ihre Wohnung gefunden haben, Frau S.

in einen Alarmzustand versetzen, während sie außerhalb ihrer vier Wände keine Furcht vor Insekten hat. Die Anwesenheit von anderen Lebewesen in ihrer Wohnung kommt einer Bedrohung ihrer leiblichen Sphäre gleich, weil diese nicht an ihrer Körpergrenze endet, sondern bis zu den Außenwänden ihrer Wohnung reicht. Deshalb verklebt Frau S. die Ritzen von Tür und Fensterrahmen mit Klebebändern, um ein Eindringen jeglicher Lebewesen in ihre Leibsphäre zu verhindern.

Umgangssprachlich wird der leibliche Raum auch als Privatsphäre bezeichnet. Er ist ein „persönlicher Raum", eine Art „Territorium des Selbst", das heißt, er „stellt für das Individuum einen den eigenen Körper unmittelbar umgebenden persönlichen Raum dar, der durch eine unsichtbare Grenze geschützt ist" (Gugutzer 2002). Bei psychisch kranken Menschen kann die Grenze wie im vorgestellten Beispiel auch sehr weit gezogen sein und durch äußere Grenzsetzungen wie verschließbare Türen sichtbar werden. Wird, auch in weniger ausgeprägten Fällen, die Grenze des persönlichen Raums überschritten, kommt es regelhaft zu einem Gefühl der Enge oder Spannung. Die meisten Menschen kennen eine solche Grenze des Privaten, die nur wenige, vertraute Personen überschreiten dürfen. Diese Grenze ist keineswegs mit der Körperoberfläche identisch. Besonders deutlich wird die Bedeutung leiblicher Grenzen in sexuell getönten Kontakten, wo schon ein anzüglicher Blick oder ein begehrendes Verhalten als Grenzüberschreitung wahrgenommen werden kann, wenn sich dadurch eine Person leiblich-seelisch betroffen fühlt.

Dass solche Zusammenhänge in der Wissenschaft und in der Psychiatrie kaum wahrgenommen werden, hat auch damit zu tun, dass die vordringliche Beschäftigung mit Körper und Geist die Aufmerksamkeit für die Leiblichkeit des Menschen zurückgedrängt hat. Die Sichtweise der Naturwissenschaft und die Entwicklungen der modernen Technik, die den Alltag prägen, haben zu einer Vernachlässigung des Leibes beigetragen.

Das Verdrängen der Leiblichkeit hat jedoch noch andere Wurzeln. Wie es eine „Angst vor der Seele“ gibt, wird auch die Leiblichkeit gefürchtet, weil der Leib nicht wie der Körper vermessen und in den Griff genommen werden kann. Was leiblich gespürt wird, entzieht sich dem Röntgenblick des erkennenden Verstandes. Es bleibt beim intuitiven Erspüren einer Situation oder auch nur beim vagen Empfinden einer bestimmten Atmosphäre.

Solche seismographischen Wahrnehmungen des Leibes können unangenehm sein und auf intellektuelle Ablehnung stoßen. Dann geschieht es nicht selten, dass sie als körperliche Symptome einer organischen Störung interpretiert werden. So wichtig es ist, körperliche Krankheitssymptome, wenn sie vorliegen, zu erkennen, so gefährlich ist es, die Sprache des Leibes nur organisch zu deuten. Erst das leibliche Spüren kann einem Menschen einen Hinweis darauf geben, was sich um ihn und in ihm seelisch Bedeutsames ereignet.

Vielfach wird auch in der Medizin gar nicht bemerkt, dass sich ein Mensch dem leiblichen Spüren verschließt, weil es ihn verunsichert oder weil er glaubt, seine Leiblichkeit gehe im untersuchbaren Körper auf. Dazu hat die technische und medizinische Erfolgsgeschichte der letzten Jahrhunderte nicht wenig beigetragen. In Zukunft werden wohl organisatorische Sachzwänge einer globalisierten Gesellschaft diese Entwicklung noch fördern. Tendenziell besteht auch im Gesundheitswesen die Gefahr, dass der Mensch vermehrt auf ein vermessbares Körperobjekt reduziert wird.

Dabei ist der Mensch nicht einfach Opfer einer unerwünschten Entwicklung, sondern am medizinischen und technischen Fortschritt selbst interessiert. Nur bringt die technisch-wissenschaftliche Revolution auch unvorhergesehene Veränderungen mit sich, die tief ins Leben und Selbstverständnis der Menschen eingreifen. Als Beispiel sei die moderne Telekommunikation angeführt, die es

Menschen ermöglicht, ohne Sichtkontakt auch über große Distanzen hinweg miteinander zu kommunizieren, ohne sich leiblich zu begegnen. Ein Grundzug der technischen Zivilisation besteht nach Gernot Böhme gerade darin, das Leben von leiblicher Anwesenheit unabhängig zu machen. In der Tat bewegen sich moderne Menschen immer mehr in abstrakten Kommunikationsnetzen. Statt sich von Angesicht zu Angesicht zu begegnen, spielt sich ein erheblicher Teil des Lebens am Fernseh- oder Computerbildschirm ab. Vier Stunden täglich soll der durchschnittliche Europäer allein am Fernseher verbringen. Aber auch die zwischenmenschlichen „Beziehungen" werden abstrakter. Manche Menschen lernen sich nicht mehr persönlich kennen, sondern „begegnen" sich virtuell – unter Decknamen – in den Chatrooms des Internets.

Der Stachel im Fleische

Das Vermeiden leiblicher Begegnungen und Erfahrungen ist nicht ganz neu, aber es nimmt in der Spätmoderne extreme Ausmaße an. Schon Menschen früherer Jahrhunderte haben sich mit leiblichen Erlebnissen schwer getan, insbesondere wenn sie mit Angst, Scham, Ekel oder Schmerz einhergingen. Neu ist, dass die gegenwärtige Leibfeindlichkeit durch das wissenschaftliche Interesse am Körper verdeckt wird. Dadurch wird leicht übersehen, dass der moderne Mensch vielleicht noch leibfeindlicher ist, als es derjenige des christlichen Mittelalters war. Wurde früher der sinnliche Leib um der „reinen" oder „schönen Seele" willen in Frage gestellt und mit Askese bekämpft, so wird heute die Leiblichkeit des Menschen verdrängt, weil sie – mit leib-seelischem Erleben verbunden – naturwissenschaftlich nicht einzuordnen ist und sich der technischen Handhabung entzieht.

Um mit dem Skandal des widerständigen Leibes fertig zu werden, wird in der Neurowissenschaft zum Teil versucht, das subjektive Fühlen dem äußerlich sichtbaren Verhalten gleichzusetzen und aus dem Erlebten und Gefühlten versachlichte Emotionen zu machen. Emotionale Verhaltensmuster können dann in einem zweiten Schritt mit spezifischen Hirnaktivitäten in Verbindung gebracht werden, um die so definierten Emotionen durch körperliche Prozesse zu erklären. Was dabei auf der Strecke bleibt, ist das leib-seelische Erleben, das – im Gegensatz zur bildgebenden Darstellung eines aktivierten Hirnareals – gerade nicht nur abbildbares, körperliches Geschehen ist, sondern auch einem unmessbaren Sich-Spüren entspricht. Es gilt, was schon der Philosoph Leibniz gesagt haben soll: „Könnte man durch ein Gehirn gehen wie durch eine Maschinenhalle, man sähe vieles, nur eines sähe man nicht: Bewusstsein oder das eigene seelische Erleben."

In einem Gedicht von Rudi Sander heißt es:

„Wenn dann du gingest
Durch den Ganglien-Wald
Und wolltest ihn vergleichen
Einer Maschinenhalle
Erkenne und begreife:
Im Hallenhirn du sähest
Vieles, gewiss, nur eines nicht:
Bewusstsein!, denn dieses
Verhält sich zum Gehirn
Gleich wie der Tanz zum Tänzer."

Die Macht der Bilder ist aber so groß, dass die imponierende Darstellung von Stoffwechselvorgängen und elektrischen Feldern im Gehirn (mittels modernster bildgebender Techniken wie z. B. der funktionellen Kernspintomographie fMRI oder dem Loreta-Verfahren, einer an meiner Klinik entwickelten dreidimensionalen Darstellung der Hirnströme) die Menschen leicht vergessen lässt, dass damit das Rätsel, wie sie sich selber, „aus erster Hand" erleben können, noch nicht gelöst ist. Die Kehrseite des enormen neurowissenschaftlichen Fortschrittes ist die

Abkehr von der seelischen Dimension des menschlichen Lebens und das Übersehen der Bedeutung, die der leib-seelischen Perspektive für die Lebensführung zukommt. Deshalb liegt es auch im Interesse einer neurowissenschaftlich orientierten Psychiatrie, den wissenschaftlichen Fortschritt und ihr enormes Potential zur Krankenbehandlung nicht mit einem therapeutischen Rückschritt auf der Beziehungsebene zu erkaufen. Als Psychiater und Psychotherapeut, der selber neurowissenschaftliche Forschung betreibt, ist es mir ein Anliegen, in diesem Buch die seelische Seite des Menschen zu ihrem Recht kommen zu lassen.

Es besteht aber nicht nur die Gefahr, dass ein methodisch bedingter Materialismus der Naturwissenschaft das Menschenbild der Moderne einseitig prägt. Es droht auch die alternative Gefahr, dass aus dem Seelenhunger der psychisch ins Leere gestoßenen Menschen eine New-Age-Bewegung profitiert, die nach dem Urteil des profilierten Kenners Ken Wilber in den USA immer regressiver und oberflächlicher wird.

Die leib-seelische Dimension ist aber nichts Reaktionäres. Sie hat nichts Seichtes an sich und führt nicht in die Abhängigkeit. Sie hat im Gegenteil so viel Gewicht, dass nicht wenige Menschen von ihr belastet werden und gerade deshalb einen rein materiellen oder rein geistigen Ausweg suchen.

Das Gewicht der Seele in der Not

Das Gewicht des Seelischen zeigt sich vor allem in der Not. Wer leidet, leidet immer seelisch, unabhängig davon, ob die Ursache des Leidens eher körperlicher, sozialer oder psychodynamischer Art ist. Leiden ist so persönlich, dass es unmöglich ist, einem anderen Menschen sein Leiden exakt zu vermitteln. Auch wenn sich jemand noch so wünscht, sein Leiden weiterzugeben, vermag er es dennoch nicht, weil das Seelische keinem körperlichen Organ entspricht, das sich transplantieren lässt.

Auch unangenehme Gefühle wie Angst, Scham und Ekel wiegen schwer. Man möchte sie deshalb gerne ablegen. Sie gehören jedoch so sehr zum Menschen, dass jeder Versuch, sie ganz zu vermeiden, erfolglos bleibt.

Seelisches Erleben ist aber nicht nur belastend und schwer. Glückliche Augenblicke können einen Menschen derart erfüllen, dass sie damit alles frühere Leid aufwiegen. Gefühle der Freude bis hin zum Gipfelerlebnis der Glückseligkeit machen den Reichtum des Lebens aus.

Manchen leidgeprüften Menschen genügt es schon, wenn sie ein stilles und bescheidenes Glück genießen dürfen. Das Befinden im Alltag ist eben keine Banalität, auch wenn die Kultivierung des Wohlbefindens in der modernen westlichen Gesellschaft zu einem solchen abschätzigen Urteil verführt. Wie man sich spürt, ist niemandem gänzlich gleichgültig. Nur aus dem wissenschaftlichen Elfenbeinturm oder aus der Höhe ekstatischer Erlebnisse kann das alltägliche Sich-Mühen unwichtig und nebensächlich erscheinen. Menschen, die echte Gipfelerlebnisse mystischer Art erfahren durften, neigen allerdings auch in den Niederungen des Alltags dazu, ihr seelisches Erleben als Geschenk anzunehmen und besonders ernst zu nehmen. Sie möchten eine Dimension nicht mehr missen, die ihnen ein Gefühl gibt, bei sich und in sich zu Hause zu sein. Umgekehrt tendieren Menschen, die von den Umständen abgehalten wurden zu sich selbst und ihren Gefühlen zu stehen, in besonderer Weise dazu, ihr Leben und ihr seelisches Erleben geringzuschätzen. Sie laufen in besonderem Maße Gefahr, depressive Leereempfindungen, von Furcht geprägte Vermeidenshaltungen oder einen Medikamenten- und Drogenkonsum zu entwickeln.

Vom „Seelenhunger" und den Fragen, die er aufwirft: zum Aufbau des vorliegenden Buches

Als Therapeut mache ich die Erfahrung, dass die meisten Menschen, die bei mir wegen ganz unterschiedlicher Probleme Hilfe suchen, unter einem Mangel an seelischem Aufgehobensein leiden. Sie dürsten nach Verständnis für ihr Erleben, auch wenn sie körperliche oder soziale Hilfe suchen und sich ihres leidvollen Erlebens oft schämen.

Dieser „Seelenhunger" hat mich vor wenigen Jahren veranlasst, ein wissenschaftliches, aber auch für nicht wissenschaftlich geschulte Leser verständliches Buch mit demselben Titel zu schreiben. Nach dieser Veröffentlichung bin ich zu vielen Vorträgen eingeladen worden. Ich habe diese schöne Aufgabe genutzt, eine Reihe von Fragen zu behandeln, die ich bis dahin noch wenig gestellt hatte. Im vorliegenden Buch habe ich diese Vorarbeiten zu einem geschlossenen Werk verarbeitet.

Im *ersten Teil* wird die Seele als Symbol des Lebendigen charakterisiert und darauf eingegangen, wieso das Seelenleben in Natur- und Geisteswissenschaften, aber auch in der modernen Psychiatrie und Psychologie so wenig Echo findet. Zugleich werden schon erste Hinweise auf eine Renaissance des Seelischen in der heutigen Medizin angeführt.

Im *zweiten Teil* versuche ich aufzuzeigen, zu welchen lebenspraktischen Konsequenzen die Aufmerksamkeit für das Seelische führt. Freude und Leid bekommen einen anderen Stellenwert, wenn sie weder als gutes noch als schlechtes, weder als veränderbares noch unkorrigierbares Körperschicksal angesehen werden, sondern als leib-seelische Phänomene. Dann werden Freude und Leid zu Sensoren, welche es achtsamen Menschen erlauben, die Spannweite ihres Lebens zu vergrößern. Umgekehrt wird die Lebensführung eingeengt und ärmer an Freude, wenn ein Mensch mit allen Mitteln Lust und Freude herbeizuzwingen sucht und seelisches Leiden nur als Feind betrachtet. Besonders eindrücklich zeigt sich dieser Zusammenhang am Beispiel der Scham. Je mehr ein Mensch Schamgefühle ablehnt, desto mehr wird er verletzbar durch Beschämungen von seiten Dritter.

Eine Möglichkeit, sich dem Erleben von Leid und Not zu stellen, ist die möglichst genaue Beschreibung des Erlebten. In der Selbstdarstellung finden verwundete Erzähler durch ihre Offenheit dem seelischen Erleben gegenüber neue Freiheit. Im depressiven Leiden scheint auch dieser Zugang verwehrt, weil die depressive Gefühlsleere den Betroffenen die Verankerung im Seelischen entzieht. Doch lässt sich auch im depressiven Vakuum wie auf versteckten Gemütsinseln ein Rest von Traurigkeit oder Wut finden, der Halt gibt, wenn diese schmerzhaften Gefühle nicht mit der depressiven Niedergeschlagenheit verwechselt werden.

Im *dritten Teil* gehe ich auf das religiöse Erleben als bedeutsamen seelischen Aspekt ein. Es scheint mir kein Zufall zu sein, dass die Beschäftigung mit der seelischen Dimension dem religiösen Verständnis näher liegt als dem wissenschaftlichen. Jenseits der wissenschaftlichen Forschung kommt die Psychotherapie in der praktischen Anwendung nicht darum herum, sich der Therapie im alten Wortsinn (therapeuin, griechisch: Pflegen, Dienen) zu widmen und Sorge zu tragen für das Seelische. Damit ist ein Tun angesprochen, das auch der Seelsorge den Namen gegeben hat. Psychotherapie und kirchliche Seelsorge sind aber nicht identisch. So befriedigt eine Psychotherapie in der Regel religiöse Bedürfnisse nicht. Es wäre aber – wie zu zeigen ist – verfehlt, wenn in Psychotherapien religiöse Einstellungen und Erfahrungen nicht zum Ausdruck finden könnten.

Ich schließe diese Einführung mit dem Hinweis, dass es mir wichtig ist, ein möglichst leicht lesbares Buch vorzulegen. Daher habe ich versucht, den sich mir stellenden Fragen möglichst nüchtern und mit Hilfe von anschaulichen Beispielen nachzugehen. Um der sprachlichen Einfachheit willen führe ich bei der Beschreibung von Personengruppen – etwa von Therapeutinnen und Therapeuten – nicht immer die weibliche und die männliche Form an. Mit „Therapeuten“ sind deshalb immer auch „Therapeutinnen“ gemeint etc.

Da die einzelnen Kapitel in sich geschlossene Einheiten bilden, kann jedes für sich gelesen werden. Das Schlusskapitel bringt den Inhalt des Buches auf den Punkt, ohne allerdings eine systematische Zusammenfassung zu liefern.

Teil 1

Die Seele als Symbol für das „Mehr" des Lebens

Kapitel 1

Die Seele in der Geschichte

Die Seele als Urbild des Lebens und Erlebens

Historisch spielt die Vorstellung einer Seele in der abendländischen Geschichte eine herausragende Rolle. Die Seele wird zunächst als Tier vorgestellt, das in magischer Beziehung zum Menschen steht. Schon in den Höhlenzeichnungen von Lascaux ca. 15000 v. Chr. dürfte ein sog. „Seelenvogel" die Seele in Gestalt eines Vogels repräsentieren. Auch der Schmetterling, der sich aus der Verpuppung löst und sich zu den Blumen aufschwingt, ist ein frühes und besonders schönes Sinnbild des seelischen Erlebens. Vögel, Schmetterlinge und andere beflügelte Lebewesen drücken die Beweglichkeit und Lebendigkeit „beseelter" Organismen aus.

Ein sehr frühes Seelensymbol ist auch der Hauch bzw. der Atem. So bezeichnet sowohl das hebräische Wort „ruah" wie auch der griechische Ausdruck „psyche" den Atem. Das deutsche Wort Atem ist übrigens mit dem altindischen Ausdruck „atman" verwandt, der ebenfalls für Seele steht. Beim Sterben setzt der Atem aus. Nur wer lebt, zeigt Atembewegungen und erfährt sich – wenn er achtsam ist – beim Ein- und Ausatmen vom Lufthauch durchströmt. Die leibliche Erfahrung des Atmens wurde deshalb im östlichen Weltverständnis mit der Allseele, im westlichen mit dem belebenden Hauch Gottes in Verbindung gebracht.

In der griechischen Antike löste sich der Seelenbegriff von den konkreten und bildhaften Vorstellungen wie Hauch oder Vogel. Die Seele wurde zur abstrakten Idee einer immateriellen und unsterblichen Substanz. Aber auch in abstrakter Form blieb die Seele nach Auffassung der griechischen Philosophen Platon und Aristoteles ein Symbol des Vitalen und Lebendigen. Platon schreibt in seinem Werk „Phaidros“: „Wenn das, was sich selber bewegt, nichts anderes als die Seele ist, folgt daraus notwendigerweise, dass die Seele weder etwas Geschaffenes noch etwas Sterbliches sein kann.“ Sein Schüler Aristoteles, der die Seele als formgebende Kraft konzipierte, fasst in seinem Werk „Von der Seele“ bündig zusammen: „Die Seele macht uns leben, fühlen und denken.“ Sie ist – modern ausgedrückt – das Organisationsprinzip des Lebendigen. Diese Vorstellung hat nicht nur tiefe Spuren in Philosophie, Theologie und Medizin hinterlassen. Sie hat auch das Alltagsverständnis der abendländischen Menschen geprägt. Doch hat die Vorstellung einer Seele in der versachlichenden Moderne an Anziehungskraft eingebüßt. So ist insbesondere im wissenschaftlichen Diskurs kaum mehr vom Seelischen die Rede. Auch Psychologie und Psychiatrie, die ihren Namen von der griechischen Bezeichnung für Seele (Psyche) herleiten, sind weitgehend seelenlose Wissenschaften geworden. Sie werden nicht mehr im wörtlichen Sinne als Seelenlehre und Seelenheilkunde verstanden, sondern zunehmend als angewandte Neurowissenschaften definiert. Abbildungen des Gehirns ersetzen die früheren Seelensymbole. An die Stelle mächtiger Sinnbilder des Lebens sind wissenschaftliche Analyse und technische Produktion getreten. Das Beobachtbare und Machbare hat das Erlebbare und Sinnhafte scheinbar verdrängt.

Die Entdeckung der Zentralperspektive in der Kunst und ihr Zusammenhang mit dem Seelenverständnis

Der Abschied von der Seelenvorstellung als einer unsterblichen, immateriellen Substanz beginnt in der Zeit der Renaissance und findet heute ihren Höhepunkt. Im gleichen Zeitraum verändert sich auch die Anschauungs- und Vorstellungsweise der Menschen. Am prägnantesten zeigt sich dieser Umbruch in der Art und Weise, wie die Welt in der Kunst dargestellt wird. Bis ans Ende des Mittelalters werden in der Malerei die darzustellenden Menschen und Objekte auf einer ebenen Fläche nebeneinander gestellt oder je nach ihrer symbolischen Bedeutung größer oder kleiner gemalt. So wurde etwa Christus größer als seine Jünger dargestellt. Die Renaissance führt die Zentralperspektive und damit die Tiefendimension ein. Nun wird die Welt von einem Punkt – von demjenigen des Künstlers oder Beobachters – her gesehen. Die Darstellung folgt nicht mehr einer überlieferten (antiken oder christlichen) Symbolik, sondern erfolgt nach dem optischen Gesetz der empirischen Wahrnehmung. Damit wird nicht nur die individuelle Perspektive des Künstlers, sondern auch diejenige des betrachtenden Individuums ins Zentrum gerückt. Auch dem Beobachter wird bewusst, dass er auf eine gehaltene Szene blickt, weil sich alles um eine Achse zwischen ihm und dem gegenüberliegenden Fluchtpunkt des Bildes auftut. Die Welt breitet sich im Gemälde gleichsam vor dem betrachtenden Individuum aus. Dadurch wird sich der einzelne Mensch erst richtig bewusst, dass es von seinem persönlichen Standpunkt abhängt, wie die Welt als Objekt erfasst wird.

Dieser neue Blick auf die Welt ging mit einer Veränderung der Weltanschauung einher. In der Philosophie führte der französische Philosoph René Descartes im 17. Jahrhundert die Trennung von erkennendem Geist (res cogitans) und vermessbarem körperlichem Objekt (res extensa) ein. Diese Aufspaltung in wahrnehmenden Geist und wahrgenommenen Körper bricht die Einheit von Körper und Seele in einem gemeinsamen Leib auf. Die Seele wird größtenteils dem Körper zugeschlagen, geht also im Materiellen unter. Nur der erkennende Teil der Seele – der Geist – wird dem Körper entgegengestellt und dualistisch von ihm abgegrenzt.

Diese Auftrennung – philosophisch später in der Subjekt-Objekt-Spaltung weiter entwickelt – prägt auch die Medizin der Neuzeit. Statt sich mit einem beseelten Leib auseinander zu setzen, der aus verschiedener Perspektive zugleich subjektiv erlebt und objektiv untersucht werden kann, reduziert der Arzt den menschlichen Körper mehr und mehr auf ein Objekt, das von außen vermessen werden kann.

Vom beseelten Leib zur Körpermaschine

Es ist wohl kein Zufall, dass Leonardo da Vinci sowohl ein Meister in der Anwendung der Zentralperspektive wie auch ein bahnbrechender Künstler in der Darstellung der menschlichen Anatomie war. Leonardo da Vinci ist in seinen Zeichnungen dem Menschen mit den Augen und Instrumenten eines Geometers zu Leibe gerückt, um ihn zu vermessen und seine Proportionen zu berechnen.

Die Medizin hat sich ab dem 16. Jahrhundert mit dem gleichen zentralperspektivischen Zugang der menschlichen Anatomie zugewandt. Sie hat, zunächst gegen kirchliches Verbot, Leichen seziert. Da das Sezieren des menschlichen Körpers neue anatomische Zusammenhänge eröffnete, wurde es aus weltanschaulichen Gründen auch wichtiger, den sezierbaren Körper vom unberührbaren Geist zu trennen. Umgekehrt hat die Descartes'sche Auftrennung von materieller und geistiger Substanz es der Medizin erlaubt, den stofflichen Körper vermehrt in Besitz zu nehmen. Das Sezieren und Analysieren wurde zur wichtigen Basis der modernen Medizin.

Mit der zunehmenden Industrialisierung wurde der Mensch in der Medizin des 19. Jahrhunderts vermehrt als komplizierte Maschine gesehen. Die aufkommende medizinische Physiologie verstand den menschlichen Organismus als einen Apparat, der experimentell bestimmbaren Naturgesetzen folgt. Gleichzeitig wurde das bisher vorherrschende Leitpaar (Mensch und Gott) zunehmend aufgespalten. Der Mensch wurde zum Maß aller Dinge. Analog zur Malerei, wo seit der Renaissance Bilder erstmals signiert wurden, fokussierte sich die Wissenschaft auf das menschliche Individuum. Maschinelle und technische Erfindungen sollten den Menschen vom Leiden erlösen.

Schließlich wurde im 20. Jahrhundert – mit dem Aufkommen der Molekularbiologie – das Steuerungsvermögen des menschlichen Organismus auf biochemische Sequenzen im Erbgut zurückgeführt und in Zusammenhang mit der natürlichen Evolution gebracht.

In einem knappen Überblick über die letzten Jahrhunderte kann festgehalten werden, dass der distanzierende Blick der perspektivischen Beobachtung den Körper in immer kleinere Einheiten aufgeteilt hat. Es ergab sich schließlich ein medizinisches Körperbild, das mit einem dreidimensionalen Puzzle in einem mathematisch genau definierten Raum vergleichbar ist. Der Körper verlor immer mehr seine Leiblichkeit, die man spüren kann. Er wurde zu einem komplexen Apparat, der sich von außen studieren lässt. Damit wurde der Paradigmenwechsel komplett.

Der objektivierende Blick der naturwissenschaftlich geprägten Medizin hat auch dank ihres Erfolges dazu beigetragen, dass der moderne Mensch zu seinem eigenen Körper eine zunehmende Distanz entwickelt hat. Der Körper ist nicht mehr das, was der Mensch unmittelbar und leiblich *ist*, sondern etwas, das man *hat*. Nicht nur die Mediziner selber, sondern auch viele postmoderne Menschen sind zu „Verwaltern des eigenen Körpers“ geworden. Sie sind nicht mehr in ihrem Leib zu Hause, sondern sie haben einen Körper, wie man ein Instrument zur Verfügung hat. Ihr Körper ist nicht mehr „mütterlich“ (das griechische Wort „Materie“ leitet sich von „metér“ ab, was Mutter heißt). Er ist nur noch ein Mittel oder funktional.

Gewissermaßen in Klammern sei angefügt, dass diese Veränderung des Körperbildes manche typischen Krankheitsbilder der Moderne wie die Magersucht oder die Borderline-Persönlichkeitsstörung besser verstehen lässt (vgl. mein Buch „Seelenhunger“). Denn der Leib ist für diese Kranken nicht mehr die natürliche Grundlage ihres Lebens. Er wird zum entseelten Körper, der sich physikalisch-chemisch definieren lässt und den man gezielt einsetzen kann (das wird auch Thema des 3. Kapitels im Teil 3 sein).

Im Siegeszug der Aufklärung und der Medizin ist der menschliche Körper – wie erwähnt – in Analogie zu künstlich hergestellten Maschinen gesetzt worden, so im 19. Jahrhundert zu den damals entwickelten Dampfmaschinen und neuerdings zu digitalen Apparaturen. Dank der Steuerung durch den „Hirncomputer“ ist es dem Körper nach diesem Konzept möglich, über Rückkoppelungsmechanismen ein energetisches Gleichgewicht aufrechtzuerhalten, auch wenn sich die Außenbedingungen verändern. Menschliches Leben wird immer mehr als ein Zusammenspiel von Materie und Information verstanden. Wenn jedoch Hormon-, Immun- und Nervensystem den Menschen steuern und in jeder Zelle ein genetisches „Programm“ steckt, dann liegt die Schlussfolgerung nahe, dass sich der Mensch nicht selber bestimmt, sondern von seinem Organismus bestimmt wird. In extremis führt diese Vorstellung eines sich selbst organisierenden Organismus dazu, dass auch Funktionsfehler des Organismus nicht mehr von den betroffenen Menschen selber festgestellt werden können, sondern der Überwachung durch medizinische Spezialisten bedürfen. Der Mensch wird von der Medizin abhängig. In Zukunft werden wohl immer raffiniertere Biosensoren, die mit dem menschlichen Organismus verbunden werden, einen Teil dieser Überwachung übernehmen.

Vom Verlust der Seele in den Natur- und Geisteswissenschaften

Aber nicht nur in der Medizin und in den Naturwissenschaften hat die Seele an Bedeutung verloren. Auch in den Geisteswissenschaften ist sie kein Grundbegriff mehr. Hier hat „der Geist" das Erbe des ursprünglich umfassenderen Seelenbegriffs angetreten. Nach der klassischen philosophischen Auffassung der Antike und des Hochmittelalters war der Geist nämlich nur ein kleiner, wenn auch wichtiger Teil der Seele. Nach Platon und Aristoteles umfasste die Seele neben dem vernünftigen, geistigen Teil auch sensitiv animalische und organisch-vegetative Aspekte. Sie war gleichsam aus Geist, Gemüt und Vegetativum zusammengesetzt.

Erst in der Neuzeit emanzipierte sich die Vorstellung einer selbständigen Geist-Seele als „erkennende Instanz" vom ursprünglich umfassenderen Seelenbegriff. Im Versuch, die Selbständigkeit des Geistes zu erreichen, wurde – wie so oft in der Geschichte – das Alte bekämpft und die Herkunft des Neuen verleugnet, d. h. in diesem Falle, der alte Seelenbegriff bestritten und die Ableitung des Geistes aus der umfassenderen Seele verdrängt. Damit ging aber auch das Gemüthafte, nicht rein Rationale des ursprünglich weiten Seelenverständnisses verloren. Es wurde kälter in den menschlichen Wissenschaften. Mit der Schärfe des intellektuellen Geistes sollte nun das auf sinnliche und gemüthafte Aspekte reduzierte Seelische in Besitz genommen, interpretiert und analysiert werden. Statt ein besonders wichtiger Teil der Seele zu sein, wurde der Geist zur beherrschenden Instanz auch über die Seele.

Deshalb ist das Seelische in der Spätmoderne nicht einfach über die Geisteswissenschaften neu zu beleben. Vielleicht ist das

Seelische sogar dem Körperlichen näher, wenn wir darauf verzichten, in Verhaltensweisen des Körpers – in Mimik, Gestik, Haltung und anderen psychobiologischen Ausdrucksformen – nur das Körperliche und nicht auch das Seelische zu sehen. Denn das seelische Erleben hat keine andere Ausdrucksmöglichkeit als diejenige des Leibes und der Sprache.

Wenn wir vor Freude übers ganze Gesicht strahlen oder wenn wir traurig sind und weinen, so drückt sich unser seelisches Erleben in unserer leiblichen Mimik aus. Allerdings lässt sich unser Erleben nicht auf das psychomotorische Geschehen reduzieren. Was wir am anderen – oder an uns selbst im Spiegel – beobachten können, ist nicht unser inneres Erleben, sondern nur der mimische Ausdruck davon. Ein anderer Mensch kann unser Lächeln oder Weinen als Ausdruck eines inneren Erlebens nur verstehen, wenn er selbst solche Erfahrungen „aus erster Hand" bzw. am eigenen Leib kennt. Eine bloße Registrierung von außen, etwa durch eine Videokamera oder mittels einer elektrophysiologischen Untersuchung der beteiligten Muskeln kann das, was wir seelisch erleben, nicht erfassen. Aber sie vermag als Erkenntnishilfe darzustellen, mit welchen körperlichen Mitteln der Mensch ein inneres Erleben ausdrückt und mitteilt.

Neue Mehrdimensionalität

Die Medizin hat ihren großen technisch-wissenschaftlichen Fortschritt bis heute der konsequenten Anwendung der versachlichenden Zentralperspektive – mithin einer mechanistischen physikalischen Anschauungsweise – zu verdanken. Das Weltbild, das diese Sichtweise widerspiegelt, hat aber bereits zu Beginn des 20. Jahrhunderts Risse bekommen. So sind sowohl in der Physik wie in der Kunst Einwände gegen dieses eindimensionale Modell (mit perspektivisch-geometrischem Charakter) erhoben worden.

Im Bereich des Physikalischen wurde in der Quantenphysik gezeigt, dass im Mikrobereich andere Gesetzmäßigkeiten vorherrschen, als die Mechanik des Makrobereichs vorgibt. So erscheinen „Elementarteilchen", etwa Elektronen oder Lichtquanten, bei Anwendung der einen Untersuchungsmethode als Teilchen, bei Anwendung einer anderen als Wellen. Entscheidend ist die Perspektive des Beobachters bzw. seine Versuchsanordnung. Die Welt der Quantenphysik liegt dem näher, was in diesem Buch vom Seelischen ausgesagt wird. Materielle Phänomene werden nicht mehr als rein körperlich erachtet, sondern auf dynamische Beziehungen immaterieller Art zurückgeführt. Auch geht die Quantenphysik nicht mehr von einer konstanten Welt aus, sondern von immer neu sich realisierenden Möglichkeiten (Hans Peter Dürr 2000).

In der Kunst hat der Kubismus Anfang des 20. Jahrhundert wieder mehrere Blickwinkel eingeführt, um einen Gegenstand abzubilden. Die Zentralperspektive hat sich zunehmend als zu begrenzte und zu begrenzende Sichtweise herausgestellt, um die vielschichtigen Verhältnisse der Spätmoderne wiederzugeben.

Auch im Sprechzimmer des Arztes erweist sich immer häufiger, dass die messende Apparatemedizin den Menschen nicht als Ganzes erfassen kann. Besonders chronisch Kranke fühlen sich als Person zu wenig ernst genommen, wenn sie mit bildgebenden Apparaten immer wieder in zahllose Daten oder Pixels aufgelöst und unter Dominanz der Zentralperspektive wieder zusammengesetzt werden. Nicht wenige hoffen in der Alternativmedizin zu finden, was in der naturwissenschaftlich geprägten Medizin vermisst wird: das Eingehen auf ihr individuelles Leiden.

„Ich leide, also bin ich" lautet der Titel eines kulturkritischen Werkes des französischen Buchautors Pascal Bruckner. Darin beschreibt er die Eigenart postmoderner Menschen, sich mehr und mehr über ihre Leiden zu definieren. Immer mehr Menschen würden sich in allem Wohlstand als Opfer empfinden, etwa als

Opfer von Traumatisierungen, von Mobbing, von sozialer Ungerechtigkeit oder auch nur als Opfer mangelhaften Glücks. Man kann diese Opferhaltung mit gesellschaftlichen Entwicklungen in Zusammenhang bringen und kulturkritisch als Infantilisierung hinterfragen (wie dies Pascal Bruckner tut). Man kann darin aber auch einen Versuch sehen, sich einer ausschließlichen Objektivierung zu entziehen und sich vermehrt über das leib-seelische Empfinden zu definieren. Denn der Leidende ist kein reales oder virtuelles Objekt, kein Fall eines unpersönlichen oder gar virtuellen Krankheitsgeschehens. Der Leidende ist Subjekt oder Person mit einer nur ihm zukommenden Selbsterfahrung.

Im Leiden zeigt sich die Not, die nach Hilfe ruft. Leiden ist ein Aufschrei, der sich Gehör schaffen will. Das Leiden eines Individuums durchbricht die mechanistische Eindimensionalität und wirft den Menschen auf sein seelisches Erleben zurück. Leiden ist immer persönlich und einzigartig. Es ist zwischenmenschlich nur in der Begegnung erfahrbar, nicht aber im Beobachten von elektrischen Hirnfeldern.

Das Leiden ruft nach Abhilfe, der Notleidende sucht einen Helfenden. Zu helfen vermag aber nur jemand, der dies auch begehrt und der sich dem Leidenden zur Verfügung stellt.

Daraus ergeben sich wichtige Fragen:
Ist es möglich, dass sich heute Menschen vermehrt als Leidende definieren, weil sie nach einer Begegnung suchen, die sich nicht nur im physikalisch ausmessbaren Raum abspielt? Ist die Wucht einer Begegnung, die gerade durch großes Leid ausgelöst wird, die seelische Kraft, die auch der modernen Medizin ihre Mehrschichtigkeit zurückgibt? Ist die Rede vom Seelischen wirklich überholt oder ist nur das alte Bild einer unsterblichen immateriellen Substanz verbraucht? Ist es Zeit für ein neues seelisches Bewusstsein, gerade auch in der Medizin? Wenn dies zutrifft, gilt es, die Seele nicht mehr als Sache bzw. Substanz zu charakterisieren, sondern als Symbol zu verstehen.

In moderner Ausdrucksweise steht die Seele für das, was Menschen nur an sich selbst, gleichsam „aus erster Hand", erfahren können. Sie ist in dreifacher Hinsicht symbolhafter Ausdruck menschlicher Möglichkeiten:

Zunächst ist die Seele ein Symbol für die Erfahrung des Lebendigen und Wärmenden *(seelische Lebendigkeit)*. In diesem Sinne charakterisiert Max Horkheimer die Seele als „Widerspruch zur Kälte eines rein rationalen Lebens".

Weiterhin ist die Seele ein Symbol für das unmittelbare Erleben im Augenblick *(seelische Existenz)*. Die erlebte Zeit entspricht nicht der physikalisch messbaren Zeit. Das seelische Erleben hat keinen Zeitmesser, auch wenn es im Leben ein Davor und ein Danach gibt. Die Seele symbolisiert diese unmessbare Dauer („la durée" bei Bergson).

Schließlich ist die Seele ein Symbol für das Ergreifende einer zwischenmenschlichen Beziehung *(seelische Begegnung)*. Wo sich zwei Menschen begegnen, treffen weder einfach zwei Körper aufeinander noch werden dabei bloß Informationen oder Hirnströme ausgetauscht. Vielmehr nehmen sich zwei Menschen gegenseitig als Personen wahr. Was eine Begegnung über ein bloßes Zusammentreffen oder über einen bloßen Anpassungsprozess hinaushebt, ist von Dritten aus der Beobachterperspektive nicht zu fassen. Dieses „Überschüssige" kann nur von den Betroffenen selbst erlebt werden. Dafür steht der Ausdruck „seelisch".

In religiöser Sprache steht die Seele auch für das, was über Denken und Fühlen hinausgeht. In diesem transzendenten Sinne reichen menschliche Empfindungen nicht aus, um die Seele zu fassen. Auch tiefe Gefühle können die so verstandene Seele nur erahnen. Sie können aber niemals in ihr aufgehen.

Die Seele bleibt somit ein unverzichtbares Symbol für das, was das menschliche Leben kennzeichnet und sich der Anonymität eines blinden Geschehens entzieht. Die medizinische Forschung muss zwar in naturwissenschaftlich-mechanistischer Hinsicht vom Seelischen abstrahieren. Die praktische Medizin kann aber auf seelische Aspekte nicht verzichten.

Kein Klient und kein psychisch Kranker will bloß als Objekt, das es zu reparieren gilt, wahrgenommen werden. Wohl alle wünschen eine Therapie, weil sie als Menschen und nicht als Maschinen unter einer anhaltenden Missempfindung oder unter einer organischen Funktionsstörung leiden. Sie wollen deshalb auch als je eigenständige und unhintergehbare Personen behandelt werden.

Kapitel 2

Die verlorene Seele in Psychologie und Psychiatrie – und ihre Renaissance

Vorbemerkung

Die Psychiatrische Universitätsklinik Zürich (Burghölzli), an der ich als Direktor tätig bin, wurde zu Beginn des 20. Jahrhunderts von Eugen Bleuler und seinem Stellvertreter Carl Gustav Jung geleitet. Beide schrieben Psychiatriegeschichte. Bleuler schuf viele heute gängige Begriffe wie „Schizophrenie“, „Autismus“ und „Ambivalenz“ und prägte die Schizophrenie-Lehre des 20. Jahrhunderts. C. G. Jung beschrieb das „kollektive Unbewusste“ und begründete die „analytische Psychologie“. Die Lebenswege von Bleuler und Jung trennten sich 1909, als Jung das Burghölzli verließ und eine zunehmend eigenständige Tiefenpsychologie entwickelte.

Die Einstellungen von Bleuler und Jung können als Ausgangspunkt dienen, um an diesen beiden großen Persönlichkeiten zwei Extremvarianten des Seelenverständnisses in Psychologie und Psychiatrie darzustellen.

Die Einstellung zur Seele bei E. Bleuler und C. G. Jung

Eugen Bleuler stand einer materialistischen Auffassung vom Menschen nahe. Er bekämpfte philosophische und religiöse Vorstellungen über den Menschen. Dennoch vertrat er selbst eine naturphilosophische Lehre. Er war überzeugt, dass sich alle psychischen Prozesse auf physische Vorgänge zurückführen lassen. Weil er davon ausging, dass der Mensch durch Gene und Umwelt bestimmt wird, war Willensfreiheit für ihn eine Fiktion. Sein tiefenpsychologisches Interesse, das ihn zunächst gegen den Widerstand seiner Fachvertreter die Ideen Sigmund Freuds vertreten ließ, beschränkte sich im höheren Alter auf das sog. Unbewusste. Die unbewussten Vorgänge interpretierte er jedoch ausschließlich als nicht bewusstseinsfähige organische Prozesse im Gehirn.

Diese Art des Denkens erscheint in vielem ausgesprochen modern. Es nimmt manches vorweg, was neurowissenschaftliche Autoren heute vertreten. So konzentrieren sich viele aktuelle neurowissenschaftliche Ansätze auf die Rückführung bewusster Erlebnisse auf neuronale Prozesse bis hin zum Postulat, dass das Bewusstsein nur eine mehr oder weniger unwichtige Nebenerscheinung von Nervenvorgängen sei. Auch die Gleichsetzung bewusster und unbewusster Prozesse mit physikalisch-chemischen Vorgängen im Gehirn entspricht weitgehend der vorherrschenden Doktrin der Neurowissenschaften. Führende Vertreter dieser Disziplin fühlen sich deshalb von den Grundgedanken Eugen Bleulers angesprochen.

Auch Bleulers Überzeugung, dass die Psyche ausschließlich ein Produkt von Genen und objektivierbaren Umweltfaktoren ist, findet vielfach Zustimmung. Wenn heute die Psychiatrie von prominenten Vertretern als angewandte Neurowissenschaft, als Gehirnlehre, verstanden wird, so trifft dies Bleulers Einschätzung der Psychiatrie als rein naturwissenschaftlicher Disziplin schon vor fast einem Jahrhundert.

Dieser Vergleich der heutigen Situation mit jener zu Beginn des 20. Jahrhunderts müsste vertieft werden. Aber auch ein kurzer Hinweis auf die ältere Lehre Eugen Bleulers macht schon deutlich, dass heute vertretene neuropsychiatrische Positionen nicht grundlegend neu sind. Sie stellen vielmehr Weiterentwicklungen und Verfeinerungen älterer Konzeptionen dar. Revolutionär sind weniger die neurowissenschaftlichen Positionen, als die heute zur Verfügung stehenden modernen Untersuchungstechniken, die es erlauben, dem Gehirn bei seiner Arbeit zuzusehen.

Carl Gustav Jung ging einen anderen Weg und wird heute auch in ganz anderem Zusammenhang gelesen. Er sah das Unbewusste nicht wie Bleuler ausschließlich als Vorgang des Gehirns, bei dem soziale Ereignisse biologisch als Engramme im Gehirn fixiert werden. Vielmehr verstand er das Unbewusste vor allem in symbolischer Weise. C. G. Jung war der Auffassung, dass das „kollektive Unbewusste“ von Generation zu Generation weitervererbt und dem Menschen in Form von sog. Archetypen zugänglich gemacht werde.

Statt die Seele in Vorgänge des Nervensystems aufzulösen, bestand C. G. Jung auf der „Wirklichkeit der Seele“. Im gleichnamigen Sammelband von 1934 „Wirklichkeit der Seele“ schrieb er: „Psyche ist das allerrealste Wesen, weil es das einzig Unmittelbare ist. Auf diese Realität kann sich der Psychologe berufen, nämlich auf die Realität des Psychischen.“

C. G. Jung droht heute nicht die Gefahr, von den Neurowissenschaften vereinnahmt, sondern durch New Age und Esoterik ge- und missbraucht zu werden. Dieses Risiko wächst noch dadurch an, dass C. G. Jung nicht dabei stehen blieb, die Psyche als Phänomen des Erlebens zu beschreiben, sondern auch versuchte, aus der Seele etwas zu machen, was erkennbar und direkt erfassbar ist. Er widerstand zwar der Gefahr, aus der Seele ein materielles Ding zu machen, aber er machte die Seele mindestens partiell zu einer Sache der Erkenntnis. Martin Buber warf ihm deshalb vor, Gnostiker zu sein, also Anhänger jener kirchlich bekämpften Glaubenslehre, die das Transzendente erkenntnismäßig zu fassen vermeint. Tatsächlich weckt Jungs Schlüsseltraum „eines mehrschichtigen Hauses als Etagenmodell der Seele“ gnostische Assoziationen. Auch die Tendenz, das seelische Erleben weitestgehend zu psychologisieren und es damit rational zu fassen, kann ähnlich verstanden werden.

An anderen Stellen seines Werks distanzierte sich C. G. Jung jedoch deutlich von einem gnostischen Wissen aller Geheimnisse. Er verwies darauf, dass das kollektive Unbewusste zu weit und zu tief sei, als dass es je von einem Einzelnen erfasst werden könnte. Ein besonders schönes Bild seiner Seelenvorstellung findet sich in „Symbole der Wandlung“: „Die Seele ist nicht von heute! Ihr Alter zählt viele Millionen Jahre.“ Das individuelle Bewusstsein ist nur die Blüte, die aus der uralten Wurzel der Seele emporwächst.

Wenn C. G. Jung an mehreren Stellen seines Werkes der Seele etwas Göttliches – genauer eine Entsprechung zum Wesen Gottes – zuschreibt, so steht er dabei in Übereinstimmung mit vielen Mystikern, die darum gerungen haben, die Seele in Verbindung zur Vorstellung Gottes – als Imago dei (Bild Gottes) – zu bringen. Jungs Versuch, das religiöse Erleben auf einen „Archetypus des Gottesbildes“ einzuengen, hat aber psychologisierenden Charakter und widerspricht der mystischen Grundhaltung, vom Transzendenten und Numinosen nur in Paradoxien oder Gleichnissen zu reden.

Schon C. G. Jung beklagte den Verlust der Seele in der Psychologie seiner Zeit. Er schrieb z. B. 1931 in seiner Schrift „Das Grundproblem der gegenwärtigen Psychologie“: „Die moderne Überzeugung vom Primat des Physischen führt in letzter Linie zu einer Psychologie ohne Seele, d. h. das Psychische kann darin gar nichts anderes sein als ein biochemischer Effekt. Eine moderne, wissenschaftliche Psychologie, die vom Standpunkt des Geistes aus erklärt, gibt es überhaupt nicht.“ In einem Brief von 1959 bekannte C. G. Jung: „Es ist meine feste Überzeugung, dass von jetzt an bis in unbestimmte Zukunft das wahre Problem ein psychologisches sein wird. Die Seele ist Vater und Mutter all der anscheinend unlösbaren Schwierigkeiten, die sich vor unseren Augen zum Himmel türmen.“

Zur Vorgeschichte einer Psychologie ohne Seelenlehre

Die seelenlose Psychologie, von der sich C. G. Jung in diesen Äußerungen abgrenzt, ist aber kein Phänomen des 20. oder gar 21. Jahrhunderts. Schon als die Psychologie noch ein Teilgebiet der Philosophie war – vor allem in der Mitte des 19. Jahrhunderts –, verneinten Vertreter materialistischer oder positivistischer Konzeptionen das Vorhandensein einer Seele. Bereits 1866 sprach Friederich A. Lange von einer „Psychologie ohne Seele". Zuvor hatte schon 1855 Karl Vogt die Seele als „unnötige Hypothese" bezeichnet. Er überraschte und provozierte seine Zeitgenossen mit der Aussage, Seele bzw. Geist verhalte sich zum Gehirn wie der Urin zu den Nieren. Seelisches sei nichts anderes als eine Ausscheidung des Gehirns. Sein Zeitgenosse Noack gründete zur Bekämpfung des „Seelenscheins" sogar eine eigene Zeitschrift. Darin machte er sich über Seelenvorstellungen lustig. Seele und Geist seien nur Schall und Rauch bzw. „Worte und nichts als Worte", die nicht einmal als „handlicher Ausdruck" verwendet werden sollten. Eine „Psychologie ohne Seele" wurde auch von Friedrich Nietzsche, der zunächst ein begeisterter Leser von F. A. Lange war, populär gemacht. Bekannt ist seine Anspielung auf das noch bekanntere Goethe-Wort, „dass wir so wenig eine Seele als zwei Seelen in einer Brust beherbergen". Dennoch gebrauchte Nietzsche den Begriff der Seele in seinem Werk sehr häufig. Er hätte vieles nicht zum Ausdruck bringen können, hätte er auf den Seelenbegriff konsequent verzichtet.

Um die Wende vom 19. ins 20. Jahrhundert wird mit der Abtrennung der Psychologie von der Philosophie zunehmend versucht, zwischen „seelisch" bzw. „psychisch" einerseits und „psychologisch" andererseits klarer zu unterscheiden. „Psychisch" wird das seelische Erleben genannt, „psychologisch" die Erklärung dieses Erlebens. Das psychische Erleben – so lässt sich die damals geführte Diskussion zusammenfassen – ist unmittelbar (also vor jeder Theorie vorhanden), ungeteilt (also nicht in Objekt und Subjekt aufteilbar) und intuitiv (also nicht nur auf Beobachtung basierend). Psychologie ist demgegenüber die Lehre dessen, wie sich Psychisches im Gegenständlichen zeigt und auswirkt. Der berühmte Satz des deutschen Philosophen und Begründers der Erkenntnistheorie Wilhelm Dilthey: „Das Seelenleben verstehen wir, die Natur erklären wir", verweist darauf, dass Seelisches einen anderen Zugang benötigt als materielle Vorgänge. Nach M. Scheler „kann Physisches nur in äußerer Wahrnehmung, Psychisches nur in innerer Wahrnehmung erscheinen".

In der rationalen Auseinandersetzung mit dem Seelenbegriff wird vorübergehend auch versucht, die Seele mit Bewusstheit gleichzusetzen. Aber bald ändert sich dies. Nur die Annahme eines Unbewussten scheint erklären zu können, weshalb einem Menschen etwas zu Bewusstsein kommen kann, was er vorher vergessen oder nicht beachtet hat. Auch aufkommende biologische Erklärungsversuche des Seelischen haben die Annahme eines Unbewussten auf organischer Grundlage gefördert. In der psychoanalytischen Anschauung Sigmund Freuds wird das Unbewusste zum Kernbereich des Psychischen. Wenn Freud vom „psychischen Apparat" spricht, ist allerdings nicht mehr eine Seele im alten Sinne gemeint, sondern eine (mechanistisch missverstehbare) Funktionseinheit, die das allerdings störungsanfällige menschliche Funktionieren gestattet.

In der Mitte des 20. Jahrhunderts entwickelt sich schließlich eine verhaltensorientierte Psychologie, die vom Seelischen ganz Abstand nimmt. Diese psychologische Lehre behandelt das Seelische zunächst als prinzipiell unerforschbare „Black Box". Sie richtet sich ausschließlich nach dem äußeren Verhalten eines Menschen aus und wird deshalb Verhaltenslehre genannt. Erst später – mit der sog. kognitiven Wende – werden auch geistige Vorgänge wieder in die Lehre integriert.

Nach der klassischen Verhaltenslehre handelt der Mensch aufgrund bestimmter Umweltreize, die auch ohne bewusstes Erleben ein konditioniertes Reaktionsmuster auslösen. Nach dieser Auffassung ist der Mensch ein Organismus, der im Wesentlichen durch Umweltbedingungen gelenkt wird. Empfinden, Fühlen und Wollen sind sekundär, wenn sie überhaupt eine Rolle spielen. Die Verhaltenslehre ist in besonderem Maße bestrebt, ihre Annahmen auch experimentell überprüfbar zu machen. Sie kann mit biologischen Untersuchungsansätzen verbunden werden. Dabei wird das menschliche Verhalten weitgehend auf genetische und neurobiologische Prozesse zurückgeführt.

Dieses Modell, das die moderne Psychologie und Psychiatrie immer mehr bestimmt, kommt ohne Einbezug des seelischen Erlebens aus. Es abstrahiert davon, dass der Mensch einem Reiz (etwa der Gabe von Brot oder Wein) auch eine symbolische Bedeutung (etwa die religiöse Bedeutung des Abendmahls) zumessen kann und „Aha-Erlebnisse" – wie jedes persönliche Erleben – dieses Reiz-Organismus-Reaktionsmuster sprengen, weil sie nicht auf eine äußerlich beobachtbare Kette von Ereignissen zurückzuführen sind, sondern auch imaginativ oder sprachlich vermittelt werden. Die Abwendung vom seelischen Erleben in Psychologie und Psychiatrie ist aber insofern konsequent, als beide Disziplinen zunehmend um eine naturwissenschaftliche Objektivierung ihrer Aussagen bemüht sind. Dadurch werden sie gezwungen, sich dem beobachtbaren Körper und seinem Verhalten zuzuwenden und sich vom seelischen Erleben als primärer Erfahrung abzuwenden.

Konzeptuelle Probleme

Diese methodenbedingte Abkehr vom Seelischen darf meines Erachtens nicht zu dem Fehlschluss führen, dass Seelisches nicht existiert. Der Vorrang einer erfolgreichen Untersuchungsmethode lässt aber ein solches Missverständnis leicht entstehen. Statt Körperliches (was beobachtbar ist) und Seelisches (was erlebbar ist) in neuer Art zusammenzuführen, droht sich eine Weltanschauung durchzusetzen, die nurmehr das Stoffliche ernst nimmt. Diese Gefahr wächst noch erheblich an, wenn die Realität des seelischen Erlebens im Wissenschaftsbetrieb als bloßes subjektives Dafürhalten abgewertet wird. Dabei wird übersehen, dass seelisches Empfinden, Fühlen und Wollen eine menschliche Grunderfahrung darstellt. Sie ist so real wie die Beobachtung eines Gegenstandes, lässt sich aber im Gegensatz zu einem mit den Augen wahrgenommenen Objekt, z. B. einem Tisch oder einem Verhalten, z. B. der Mimik eines Menschen, nicht visualisieren, sondern nur erspüren.

Die Eigenheit dieser seelischen Erfahrung liegt darin, dass sie nicht nur sinnlich ist, sondern einen Sinn stiftet, der stofflich bzw. naturwissenschaftlich nicht fassbar ist. Nach dem modernen Philosophen Georg Schulte sind „mein Glück und meine Schmerzen in gewissem Sinne realer als alle materielle Wirklichkeit, schwerwiegender als aller Sand des Meeres …“. Das Seelische steht denn auch den Künsten näher als den Wissenschaften, welche an einem vermessbaren Abbild des Vorhandenen interessiert sind, während es den Künsten gelingt, mit Worten, Tönen, Farben oder Berührungen und Bewegungen einen sinnlichen Ausdruck vom Erlebten wiederzugeben. Diese sinnliche Ausdrucksweise kann im Zuhörer oder Zuschauer ein analoges seelisches Erleben wecken.

Seelisches Erleben hat die Eigenart, nur von anderem seelischen Erleben erfasst werden zu können. Es ist immer „Erleben aus erster Hand“ und kann auch mit raffiniertesten elektronischen Informationsträgern nicht simuliert werden.

Diese Eigenart des Seelischen verunmöglicht es auch zu glauben, man könne seelisches Erleben erfassen, indem man es mit einer Hirnaktivität oder mit andern materiellen Vorgängen gleichsetzt. Eine Person, die sich auf ihr Erleben konzentriert, erfährt sich aus einer anderen Perspektive als eine Person, die elektrische

Hirnvorgänge – und seien es die eigenen – auf einem Monitor beobachtet. Deshalb kommt der Abbildung der Hirnströme eines emotional erschütterten Menschen keine seelische Qualität zu, während die Wiedergabe der erfahrenen Gemütslage in einem Bild oder Gedicht, bzw. die bewegte Darstellung eines Lebenskonfliktes im Film oder Theater dem Seelischen näher kommt.

Was ich habe und was ich bin

Schon die antike griechische Philosophie setzte Leben mit Seele gleich und stellte der Seele – oder dem Leben – den Körper gegenüber. So konnte Platon sagen: „Der Körper ist das Grab der Seele." Die Lebens- und die Existenzphilosophie sprachen statt von seelischem Leben vom „Sein", meinten damit aber etwas Analoges. Erich Fromm grenzte dieses „Sein", das nur erlebt werden kann, von einem „Haben" ab, das nur wie eine Sache in Besitz genommen werden kann.

Was ich „habe" und was ich „bin", betrifft zwar dieselbe Person, bezeichnet sie aber aus grundsätzlich verschiedener Perspektive. Im einen Fall richtet sich die Sprache auf das körperlich Beobachtbare aus – der Mensch hat einen Körper. Im anderen Fall ist das seelische Erleben gemeint – ich bin, soweit ich empfinde, fühle oder will. Diese Differenz von Haben und Sein, von Körper und Seele, macht es möglich, sich entweder wie die Naturwissenschaft, die am untersuchbaren Objekt interessiert ist, im Sprachspiel des Habens zu bewegen, oder sich wie die Kunst und die Kulturwissenschaft einen Bereich des Seelischen offen zu halten und vom persönlichen Erleben auszugehen.

Die Ausdrucksform des Habens in naturwissenschaftlichen Texten ist unpersönlich. Sie kennt keinen Ich-Erzähler, der etwas erlebt hat, sondern stellt in der „Es-Form" Fakten dar, die eine persönliche Sichtweise ausschließen sollen. Umgekehrt gehört zum seelischen Bereich die „Ich-Form" des Erzählens, die das persönliche Erleben ins Zentrum rückt. Beide Sprachformen – erste Person und dritte Person – schließen sich gegenseitig nicht aus. Wenn ein anderer von mir in der dritten Person erzählt – etwa „Er klagt über Zahnschmerzen" –, so sage ich in der ersten Person von mir: „Ich habe Zahnschmerzen." Ich kann auch verstehen, dass der andere von mir als dritter Person spricht. Dass das aber möglich ist, setzt voraus, dass ich gelernt habe, mich selbst von außen wie ein anderer wahrzunehmen und diese äußere Wahrnehmung mit meinem inneren Erleben zu verbinden. Ich habe dann, wie von anderen gesehen, einen bestimmten Körper. Gleichzeitig erkenne ich mich auch als erlebende Person, als ein „Ich *bin*", dem die Mitwelt einen kennzeichnenden Namen gibt. „Er hat" und „ich bin", körperliches Haben und seelisches Sein sind sprachliche Wendungen, die einen Menschen weder zweiteilen noch verdoppeln – weder dualistisch auftrennen noch mechanistisch klonen –, sondern eine symbolische Einheit von Körper und Seele schaffen. Im Rahmen dieser symbolischen Sprachbilder ist es dem Menschen möglich, sich sowohl als individuell erlebende Person wie auch als beobachtbaren Teil einer Gruppe oder Gesellschaft zu verstehen.

Das sprachliche Ich, das immer die Erlebensfähigkeit einschließt, kann aber nicht auf einen beobachtbaren Gegenstand reduziert werden. Deshalb folgt dieses symbolische Ich nicht physikalischen Gesetzmäßigkeiten, sondern ist in einer Sprachwelt zu Hause, von der die Physik nichts weiß. Es ist dieses symbolische Ich bzw. dessen zugrunde liegendes Erleben, das von alters her „seelisch" genannt wird. Da es nicht im physikalischen Raum angesiedelt ist, kann es dort auch nicht gefunden werden. Aber es kann versucht werden, hirnorganische Voraussetzungen zu bestimmen, die erfüllt sein müssen, damit ein Mensch zu symbolischer Selbstcharakterisierung fähig ist. Auch können soziale und zwischenmenschliche Bedingungen studiert werden, die zum Auftreten einer Symbolbildung nötig sind. Die konzeptuelle Begrenzung dieses Forschungsansatzes liegt darin, dass die Symbolbildung selbst wie das ihm zugrunde liegende Selbsterleben natur- und sozialwissenschaftlich nicht zu fassen und zu erklären sind. Es können immer nur Bedingungen und Voraussetzungen erforscht werden, die diese Phänomene entweder ausschließen oder möglich machen. Diese abstrakten Überlegungen sollen an einem Beispiel veranschaulicht werden.

Ein Beispiel mangelnder „Innensicht"

Frau Margrit O., eine verheiratete 33-jährige Wirtschaftswissenschaftlerin, sucht psychiatrische Hilfe, weil sie infolge von Angst und Erschöpfung nicht mehr in der Lage ist, ihr Kleinkind zu betreuen. Es ist nicht das erste Mal, dass sie psychotherapeutische Hilfe sucht. Bereits in früheren Jahren wurde sie wiederholt wegen Angstattacken verhaltenstherapeutisch behandelt. Frau O. stellt ihre Problematik wie aus einem Lehrbuch übernommen dar. Sie leide an depressiven Symptomen, habe zunehmende Schlafstörungen entwickelt und sei anhaltend durch eine „soziale Phobie" (Furcht, von anderen beschämt zu werden) belastet. Neu komme die Befürchtung hinzu, auch ihr kleines Kind leide an dieser Störung. Zudem mache sie sich Sorgen, dass sie als Mutter versage. Sie könne als depressive Person ihrem Kind nicht die adäquate Zuwendung geben.

Was die Patientin in klaren und knappen Worten schildert, entspricht einer Beschreibung, wie sie von einem behandelnden Arzt in die Krankengeschichte geschrieben werden könnte. Wissenschaftlich gebildet und therapeutisch erfahren, fasst Frau Margrit O. zusammen, wie eine dritte Person ihren Zustand wohl charakterisieren würde. Ihre Schilderung ähnelt einem Dokument oder einer Schwarzweißfotographie. Da ist schnörkellos vermerkt, um was es sich handelt. Was Frau O. mitteilt, hat großen informativen Wert. Doch die unerträgliche Not, die sie umtreibt und die sie in Behandlung führt, ist in eine neutrale Hülle gepackt. Das eigentliche Erleben von Frau O. findet darin keinen spürbaren Ausdruck. In ihrer Ausdrucksweise zeigt sich auch ein Teil ihres Problems. Nicht was sie sagt, sondern wie sie es sagt, offenbart ihre Problematik. Frau Margrit O. sieht sich gleichsam immer in einem Spiegel. Sie beurteilt sich ununterbrochen so, wie sie annimmt, dass andere sie sehen. Dadurch fällt es ihr schwer, von sich in der ersten Person – als Ich – zu reden. Noch schwerer fällt es ihr, ihr seelisches Erleben anzunehmen, wie es ist, ohne es umgehend zu beurteilen oder von außen bestätigen zu lassen. Infolgedessen stellt sie sich immer wieder selbst in Frage. Nicht, dass ihre Beurteilung irrational oder in vielem falsch wäre. Aber indem sie ihrem unmittelbaren Erleben nicht vertraut, findet sie keine innere Sicherheit und Selbstgewissheit. Sie liefert sich einer Außensicht aus, die ihr genau das nicht zu geben vermag, was sie zu bestätigen sucht: sich selbst.

Seele und Selbst

Dieses Selbstgefühl, das Frau O. vermisst, ist schwer zu definieren. Es lässt sich nicht einfach durch Selbstbeobachtung verstehen (wie es Frau O. versucht hat). Es ist also nicht nur – um es kompliziert zu sagen – ein sich selbst reflektierendes System. Dem „Selbst“ kommt etwas Eigenes zu, das sich schwerlich auf ein Drittes zurückführen lässt. Dieses Eigene ist ohne Fühlen und Empfinden, ohne „seelisches Erleben“, nicht zu denken. Das „Selbst“ ist denn auch ein moderner und vielseitig gebrauchter Begriff, der bei vielen Autoren für das ältere Wort „Seele“ steht.

Mit „Selbst“ wird aber etwas betont, was im traditionellen Wort „Seele“ nicht im Vordergrund steht. Es ist das Verhältnis des Menschen zu sich selbst, der Selbstbezug. So bezeichnet ein „falsches Selbst“ nach dem Psychoanalytiker Winnicott eine problematische, unreife Beziehung zu sich selbst. Es äußert sich in der Notwendigkeit, sich durch Identifikationen mit anderen Menschen eine geliehene Identität zu beschaffen. Demgegenüber bedeutet ein „wahres Selbst" ein authentisches, stimmiges Selbstverhältnis. Es zeigt sich in einem offenen, achtsamen Umgang mit dem eigenen Erleben.

Für einen anderen Psychoanalytiker, H. Hartmann, ist das „Selbst" alles Persönliche, was den Menschen ausmacht. Hartmann grenzt es ab vom Objekthaften, also von dem, was dem Menschen äußerlich oder uneigentlich ist.

In der transpersonalen Psychologie wird das „Selbst" weit umfassender gesehen. Es stellt weniger das Verhältnis zu sich selbst als vielmehr die Beziehung zu einem höheren, göttlichen Ich dar. Das so verstandene Selbst wird deshalb auch als Ziel der spirituellen Entwicklung verstanden.

Mit dem Ersatz des Wortes „Seele" durch den Begriff „Selbst" ist aber nicht unbedingt mehr Klarheit geschaffen worden. Die Literatur zum Thema „Selbst" ist heute unübersehbar und wenig kohärent. An der schier unüberschaubaren Vielfalt erweist sich, dass die Menschen das Interesse an der Seele auch unter einer neuen Begrifflichkeit nicht losgelassen hat. Wenn man Seelsorge mit Selbstsorge übersetzt und Psychotherapie als Hilfe zur Selbstverwirklichung interpretiert, so boomt die Seele unter neuer Flagge. Aber auch das vorschnell als überholt und antiquiert eingeschätzte Wort „Seele" findet plötzlich neuen Anklang, vor allem in der Umgangssprache und in der Werbung. „Hier können Sie Ihre Seele baumeln lassen", versprechen Inserate. Reisen, Wellnesskuren, Sprachaufenthalte, ja selbst Computerkurse sollen die „Seele bereichern". Unübersehbar kehrt die Seele auch ins Mediengeschäft und den Buchhandel zurück. Offensichtlich reagiert der Markt sensibel auf ein Bedürfnis nach Seelischem, das viele Menschen in einer technisch und rational geprägten Welt verspüren.

Aber kann der Markt diesem Bedürfnis auch gerecht werden? Zurückhaltender und nachhaltiger erfährt die Seele in Psychotherapien und medizinischen Behandlungen eine Renaissance. Immer wenn ein Patient oder Klient in seiner Eigenart und seiner Einzigartigkeit vom Therapeuten angenommen wird, wird auch seine Seele ernst genommen. Die Seele steht für die Einmaligkeit und Unverwechselbarkeit des Menschen. Es gibt keinen anderen Begriff, welcher der Individualität des Menschen und seiner Teilhabe an einem Umfassenderen so gerecht wird wie die Seele.

Für Gaetano Benedetti, einen wichtigen Vertreter der Renaissance der Seele in Psychiatrie und Psychotherapie, sind therapeutische Ermutigung und Hoffnung letztlich Ausdruck eines tieferen Vertrauens in die Unzerstörbarkeit des Seelischen. Die Grundhaltung der Psychotherapie „wurzelt im Glauben des Arztes an die Möglichkeit, eine verschüttete und immer irgendwie verkannte Existenzseite des Kranken zu vertreten, zu verteidigen, zu pflegen, zum Leben zu rufen und am Leben zu erhalten. Dieser unbeirrbare Glaube an ein nie ausgelöschtes Menschliches ist in der hoffnungsarmen und öden Welt der psychischen Krankheit das Moment, das den Arzt und seinen Kranken wirklich verbinden kann. Alles psychologische Wissen bewegt sich auf dieser Grundlage, oder es ist unnütz und nichtig.“ (Benedetti 1964).

Teil 2

Das Leiden an der Seele

Kapitel 1

Hat das Leiden einen Sinn?

Zur zunehmenden Pathologisierung von Pathos

Gesundheit gilt nicht erst seit heute, aber heute in besonderem Maße, als ein hohes, ja höchstes Gut. Was aber ist Gesundheit? Ist sie einfach das Gegenteil beziehungsweise die Abwesenheit von Krankheit?

Gesundheit und Krankheit zu definieren ist weit schwieriger, als es den Anschein macht. Es besteht kein Zweifel, dass sowohl Gesundheit wie Krankheit in verschiedenen Epochen verschieden interpretiert worden sind. So wurden in der Psychiatrie zunächst Verletzungen der Sozialordnung, die im Mittelalter als sündhaft angesehen wurden, als Krankheiten definiert. Was gegen die gute Ordnung verstieß, wurde als krank beurteilt. Konsequenterweise war z. B. die Homosexualität eine krankhafte Sexualstörung.

Im 20. Jahrhundert verschoben sich die Kriterien der psychiatrischen Krankheitslehre von einer gestörten Ordnung zu einer verfehlten Anpassung. Neurotische Anpassungsstörungen wurden zur häufigsten Diagnose. Sie wurden psychoanalytisch als Ausdruck innerer Konflikte beurteilt, die sich hinderlich auf die Arbeits- und Liebesfähigkeit eines Menschen auswirken. Die klassische Verhaltenslehre ging noch einen Schritt weiter und setzte psychische Störungen mit unangepasstem Verhalten gegenüber der Umwelt gleich.

In den letzten Jahrzehnten haben sich die Grundlagen der psychiatrischen Krankheitslehre nochmals verändert. Anstelle von Ordnung oder Anpassung entscheidet immer mehr das Befinden der Menschen über Krankheit oder Gesundheit. Nach der aktuellen Definition der Weltgesundheitsbehörde ist ein Mensch krank, wenn sein Wohlbefinden gestört ist. Konsequenterweise werden Befindlichkeitsstörungen, die früher als Normvarianten angesehen wurden – wie z. B. Verstimmungszustände vor der Menstruation oder extreme Schüchternheit – zu behandlungsbedürftigen Störungen. Demgegenüber wird z. B. Homosexualität heute nicht mehr als Krankheit betrachtet, weil sie keine Störung des Wohlbefindens bedingt.

Gerade das historische Studium der Krankheitsvorstellungen zeigt in aller Deutlichkeit auf, wie die Definition von Krankheit und Gesundheit durch soziale Konventionen bestimmt wird. Um es mit den Worten des Philosophen Hans Gadamer zu sagen: „Krankheit ist ein sozialer Tatbestand."

Dass heute Gesundheit mit Wohlergehen gleichgesetzt wird, ist vielleicht nicht so überraschend, wenn wir daran denken, dass wir in einer „Wohlfühlgesellschaft" leben. Es darf durchaus vermutet werden, dass die gesellschaftliche Hochschätzung des Wohlergehens zur modernen Gleichsetzung von Krankheit und Leiden beigetragen hat. Ist es aber angebracht, Wohlbefinden mit Gesundheit gleichzusetzen und zum wichtigsten Element des Lebensglücks zu machen?

Allein schon die Tatsache, dass viele Menschen Leiden auf sich nehmen, um gesund und fit zu bleiben, z. B. eine strenge Diät einhalten oder anstrengende sportliche Übungen machen, lässt am Slogan „Gesundheit = Leidenslosigkeit" zweifeln.

Dennoch ist Leiden verpönt. Lieber quält man sich selbst kurzzeitig, als schicksalhaft von einem Leiden betroffen zu werden. Passives Leiden ist nicht nur unerwünscht. Es stellt auch die Selbstbestimmung des Menschen in Frage.

In der Medizin ist zu beobachten, dass der Begriff des Leidens zunehmend vermieden und durch „psychischen Schmerz“ ersetzt wird. Damit soll wohl angedeutet werden, dass schwer fassbare Leidenszustände wie körperlicher Schmerz in den Griff genommen werden können. Tatsächlich vermag die moderne Medizin den akuten Schmerz erfolgreich zu bekämpfen. Aber ist sie in der Lage, Schmerz generell zu besiegen? Neuesten Untersuchungen zufolge soll jeder sechste Schweizer an chronischen Schmerzzuständen leiden, in Deutschland sind es nach Angaben der Deutschen Gesellschaft zum Studium des Schmerzes ca. 12 Prozent der Bevölkerung. Dem Erfolg der Akutmedizin steht offenbar vorerst ein Misserfolg im Kampf gegen chronische Schmerzen entgegen. In der Schmerzforschung wird dies damit erklärt, dass die körperliche Schmerzerfahrung nicht nur organische Ursachen hat, sondern auch in einem sozialen und kulturellen Zusammenhang steht.

Biokulturelle Einflüsse sind in noch viel stärkerem Maße bei Leidenszuständen zu berücksichtigen. Leiden geht über einen körperlich empfundenen Schmerz hinaus. Auf einen einfachen Nenner gebracht, wird Schmerz körperlich empfunden, Leiden aber psychisch erfahren. Etymologisch lässt sich Leiden u. a. vom althochdeutschen Wort „lidan“ für „reisen, fahren“ ableiten. Leiden hat also auch mit Er-fahrung zu tun. Wer leidet, ist als ganze Person in das Leiden involviert, weil der Mensch gleichsam „als Reisender in dieser Welt“ auch bestimmte Erlebnisse macht, die leidvoll sind. Dabei muss kein körperlicher Schmerz empfunden werden. So leiden depressive Menschen auf schlimmste Weise, ohne unbedingt einen körperlich lokalisierbaren Schmerz zu spüren.

Schon diese erste Annäherung an das Phänomen des Leidens zeigt, dass Leiden etwas Umfassenderes ausdrückt als Schmerz: Ein Organ schmerzt, eine Person leidet.

Leiden ist auch deshalb nicht einfach mit Krankheit gleichzusetzen, weil es immer persönlich erfahren wird. Es ist höchst problematisch, das persönliche Erleben eines Menschen als krank einzuschätzen bzw. zu pathologisieren, statt allenfalls dasjenige als krankhaft zu beurteilen, was Leiden verursacht. Denn Leiden macht auch als Aufschrei auf etwas aufmerksam, was nicht in Ordnung ist – etwa eine körperliche Störung, eine politische Ungerechtigkeit oder eine zwischenmenschliche Demütigung.

Leiden ist ein Empfinden, das uns zeigt, dass etwas zu verändern ist. Würden wir das Leiden – und nicht das, was Leiden schafft – abschaffen, so würden wir unempfindlich für alles Kranke und Ungerechte. Wir würden gleichsam einen Sensor zerstören, der uns Störungen anzeigt.

Wären Menschen nicht imstande zu leiden und leidvolle Gefühle zu haben, so würden sie auch kaum gegen ungerechtfertigte oder demütigende Umstände aufbegehren. Aldous Huxley hat in seinem Buch „Brave New World" (dt. „Schöne neue Welt") eindrücklich gezeigt, wie Menschen zu willfährigen Objekten gemacht werden, wenn das Leiden ausgeschaltet wird. In der von Huxley beschriebenen utopischen Diktatur wird jedes Unwohlsein, jedes Leiden umgehend mit „Soma" behandelt. Soma ist ein Symbol für die perfekte Droge, die keine Nebenwirkungen hat, aber umgehend Traurigkeit, Enttäuschung, Unzufriedenheit oder Schmerz beseitigt. Oder wie es der Controller in „Brave New World" sagt: „Der Weltstaat weiß nun, wie man jedermann glücklich und gehorsam hält".

Leiden und Subjektivität

Leiden hat mit subjektiver Empfindungsfähigkeit zu tun. Manchmal vermag sich die einzigartige personale Seite des Menschen nur im Leiden zu realisieren. Leid ist ja primär das eigene Leiden. Das heißt: Leiden ist eine Erfahrung, die eine Person mit sich selbst macht – auch wenn ein körperlicher Schmerz oder eine soziale Demütigung die Ursache darstellt. Leid erfährt jeder Mensch „aus erster Hand", also an sich selber. Auch Mitleiden ist nur möglich, wenn ein anderer Mensch an sich selber leidet – aus Mitgefühl. Es gibt kein Leiden, das nicht an eine Person gebunden ist und gleichsam nur von außen, aus der Perspektive unbeteiligter Dritter, festgestellt werden kann.

Die Leiderfahrung macht auf das Selbstsein, auf die Subjektivität des Menschen aufmerksam. Das zeigt sich gerade in Extrem- oder Grenzsituationen. Ein Beispiel geben Menschen, die Gefahr laufen, sich immer wieder selbst zu verlieren. Sie werden im psychiatrischen Vokabular „Borderline-Persönlichkeiten" genannt, weil sie in extremer Weise um ihr Selbstsein ringen und nicht selten an die Grenze zum Psychotischen stoßen. Diese Menschen, die Mühe haben, sich dauerhaft als einheitliche Person zu erleben und immer wieder einem Gefühl der Leere und des drohenden Selbstverlustes ausgesetzt sind, suchen sich z. T. schmerzhaft zu spüren, indem sie sich in die Haut schneiden oder brennen. Dabei geht es diesen Menschen nicht darum, Lust am Leiden zu finden. Vielmehr kämpfen sie um die Rettung ihres gefährdeten Selbst, ihrer Subjektivität, und setzen dazu gezielt Leidensakte ein. So auch Martha S., die ich in meinem Buch „Seelenhunger" näher charakterisiert habe.

Ein Beispiel für den Zusammenhang von Leiden und Subjektivität

Mehrere Male hat sich die 40-jährige Frau, von Beruf Juristin, auszuhungern versucht. Andere Male hat sie sich Brandwunden an Händen und Armen zugefügt. Auch wenn sich Frau S. dieser Selbstverletzungen schämt, weil sie als abnorm gelten, verhelfen sie ihr doch immer wieder zu einer kurzfristigen Spannungsabfuhr. Schmerzhaft und verletzt erfährt Frau S. ihren Körper als weniger unvertraut. Erst diese schamvolle leibliche Versehrtheit erlaubt es ihr, für kurze Zeit ihren Widerstand gegen den eigenen Leib aufzugeben. Schon früh in ihrer Kindheit auf Leistung getrimmt, ist sie von ihrer Mutter bestraft worden, wenn sie in kindlicher Art überschäumende Freude oder tiefe Traurigkeit gezeigt hat. Später hat sie sexuelle Übergriffe durch Bekannte erfahren. Beides hat dazu beigetragen, dass sie ihren Körper als schmutzig erlebt.

Die erzieherische Geringschätzung der Gefühlswelt und die späteren Verletzungen ihrer Intimsphäre lassen es verstehen, dass Frau S. ihren Körper ablehnt. Doch reicht das rationale Wissen um solche kausalen Zusammenhänge nicht aus, Frau S. mit ihrem Körper auszusöhnen. Zu tief sitzt die Befürchtung, erneut verletzt zu werden, sollte sie ihren Gefühlen mehr Raum geben.

So scheint ihr nur der Ausweg zu bleiben, sich selbst weh zu tun, um einem drohenden Selbstverlust entgegenzutreten oder sich der aufkommenden Leere und dem Eindruck des Auseinanderfallens zu entziehen.

Ihre Selbstverletzungen erfüllen noch einen anderen Zweck, der mit ihrer leistungsorientierten Erziehung zusammenhängt. Frau S. ist in besonders ausgeprägter Weise dazu erzogen worden, „den Kopf zu gebrauchen und den Körper nur als Mittel zum Zweck zu verstehen“. Sie sagt von sich: „Das Schwerste ist für mich, dass mein Wille zu schwach ist, meinem Körper zu befehlen. Das ist Teil meines Versagens, dass mein Körper machen kann, was er will und ich ohnmächtig zusehen muss." Sie teilt ihr Erleben in einen geistigen Bereich auf, der für sie rein ist und in einen körperlichen Bereich, den sie als schmutzig empfindet. Konsequenterweise möchte sie ihren Körper abstreifen und nur noch „wie ein Wölklein am Himmel" weiterleben. In ihren Suizidphantasien stellt sich Frau S. die Zerstörung ihres Körpers, aber nicht die Auflösung ihres Geistes vor.

Aus dieser Perspektive erhalten ihre schmerzhaften und schamvollen Selbstverletzungen eine doppelte Bedeutung. Sie lassen zum einen zu, dass Frau S. ihren Körper wie ein fremdes Objekt behandelt. Gleichzeitig führen sie dazu, dass Frau S. ihren Leib intensiv erleben kann. Im Akt der Selbstverletzung wird Frau S. Operierende und Operierte zugleich. Bei aller instrumentellen Vernunft, mit der sie die Selbstverletzungen wie chirurgische Eingriffe plant und durchführt, ist sie dennoch auch Subjekt, das diesen Eingriff an sich selbst erlebt. Deshalb stellen ihre Selbstverletzungen nicht nur destruktive Handlungen dar, sondern verankern Frau S. gleichzeitig in ihrem leiblichen Dasein bzw. in ihrem seelischen Erleben.

Selbstverletzung gegen Fremdbestimmung in extremis

Ein solches nur scheinbar masochistisches Ringen hat der Dichter Georges-Arthur Goldschmidt autobiographisch im Essay „Der bestrafte Narziss" in eindrücklichen Worten geschildert. Als jüdisches Kind in einem französischen Kinderheim in den Savoyer Alpen untergebracht, um vor den Nationalsozialisten geschützt zu sein, wurde er von seinen Rettern beschämt und malträtiert. In dieser Situation hat der heranwachsende Georges-Arthur die Entdeckung gemacht, dass er trotz aller äußeren Widerstände und Verletzungen zu sich selbst finden kann, wenn er sich selber Schmerz zufügt. Goldschmidt sieht einen Zusammenhang zwischen körperlichem Empfinden und Selbstsein. Es sind Kummer und Schmerzen, die Menschen spüren lassen, dass sie immer noch sind.

Nach anderen Berichten sollen Amerikaner, die in Asien in Kriegsgefangenenlagern der raffiniertesten Gehirnwäsche ausgeliefert waren, sich selbst Schmerzen zugefügt haben, um sich in der Selbstentfremdung durch Tortur und Hirnwäsche an sich selbst zu erinnern.

Unter den schwarzen amerikanischen Gefangenen in den koreanischen Lagern entstand ein „Klub vom Goldenen Kreuz", dessen Mitglieder sich selbst das linke Ohr durchlöcherten, um im Schmerz der eiternden Wunde ihrer selbst inne zu bleiben und sich nicht den Außenbezirken ihrer Seele zu überlassen, in die der Feind mit seiner Gehirnwäsche schon eingedrungen war.

Extreme Bedrohungen rufen nach externen Abwehrformen. So paradox und absurd es erscheinen mag: Selbstzugefügtes Leiden wurde von Menschen verschiedenster Kulturen immer wieder als Schutz und Abwehrmittel gegen extreme Bedrohungen eingesetzt. Hier macht die frühe Kirchengeschichte (mit leidvoller Askese in Zeiten der Verfolgung) ebenso wenig eine Ausnahme wie das Mittelalter (mit den Flagellantenzügen, d. h. dem massenhaften Auftreten von Selbstgeißelungen zu Zeiten der Pest) oder unsere Spätmoderne (mit dem säkularisierten Wiederauftreten schmerzhafter Riten wie der Tätowierung und dem Piercing oder dem Neuauftreten selbstgewählten Leidens bei Extremsportarten).

Angesichts solcher Zeugnisse und der Tatsache, dass das Leiden zur conditio humana gehört, ist es auffällig, dass die große Mehrheit der medizinischen Lehrbücher zum Stichwort „Leiden" kaum einen Hinweis gibt. Die meisten Werke sparen das Wort „Leiden" in ihren Sachwortregistern aus. Stattdessen findet sich eine riesige Zahl von psychopathologischen Begriffen. Auf diese Weise scheint sich das persönliche Leiden in krankhafte Symptome aufzulösen, die keinen Sinn in sich tragen, sondern nur Zeugnis einer Pathologie ablegen, die es zu behandeln gilt. Die verbreitete (und von der WHO geförderte) Umformung des persönlichen Leidens in Krankheitssymptome dürfte auch damit zu tun haben, dass die moderne Medizin sich einer Perspektive von außen verschrieben hat und dem Phänomen des Leidens als Erleben aus erster Hand, aus der sog. Perspektive der ersten Person, hilflos oder abwehrend gegenübersteht.

In einer solchen Außenperspektive stellt sich nicht mehr die Frage, *wozu* Leiden allenfalls verhelfen kann, sondern nur die Frage, *warum* als krank beurteilte Symptome aufgetreten sind und wie sie sich therapeutisch beseitigen lassen.

Mit-Leid

Leiden ist aber nicht nur eine individuelle Herausforderung, die über ein krankhaftes Phänomen hinausgeht. Es ist nicht nur Zeichen einer Widerständigkeit des Subjekts und potenzieller Ausgangspunkt einer persönlichen Entwicklung beziehungsweise einer individuellen Gegenbewegung, die sich den Folgen sozialer und körperlicher Missstände stellt. Leiden ist als Mitleiden und Mitgefühl auch zwischenmenschliche Antwort auf das Leiden anderer Menschen. Der französische Philosoph Emmanuel Lévinas, der zu Recht Mühe mit einer Positivierung des Leidens hatte, sah einzig im Leid als Mitleid eine mögliche Rechtfertigung des Leidens.

Tatsächlich kann wohl niemand die Berührung mit dem Leid vermeiden, ohne selber gefühllos zu werden. Denn wenn sich ein Mensch an einen anderen bindet, begegnet er auch dem Schmerz der Vergänglichkeit. Nur wer sich dem Mitmenschen versagt, entgeht auch dem Mit-Leiden. Die Sozialwissenschaftlerin Marianne Gronemeier (2003) schreibt: „Das Leiden kann nicht besiegt werden, aber das Bemühen, sich seiner zu entledigen, ist in einer Hinsicht höchst erfolgreich: Das Mit-Leid wird beseitigt."

Wenn Leiden nur als krankhaft (genauer: als nur pathologisch) angesehen wird, ist Anteilnahme am Leiden unsinnig, ja ebenfalls krankhaft. Es herrscht dann eine aseptische Weltsicht vor, eine ausschließliche Außensicht, die jeden Sinnes beraubt ist. Paradoxerweise führt erst die mitfühlende Anteilnahme dazu, dem Leiden einen Sinn zuzuschreiben, nämlich den Sinn, das Leiden der Mitmenschen zu verringern. Ohne dieses Mit-Leid wird der Leidende zu einem Objekt der Besserung, zu einem fehlerhaft funktionierenden Organismus, der gemaßregelt, repariert oder mit instrumenteller Vernunft behandelt werden muss. Ein solches Menschenverständnis herrschte in Psychiatrie und Medizin zur Zeit der Eugenik vor und führte zur Vernichtung „lebensunwerter Menschen".

Erst die eigene Erfahrung eines Leidens kann eine andere Person zu einem mitfühlenden Du machen, zu einem Mitmenschen, der auf das Leiden des Nächsten antwortet. Goethe schrieb: „Uns lehrt eigener Schmerz, der anderen Schmerzen zu teilen." So setzt eine personale Antwort auf das Leiden eine Haltung voraus, die das Leiden nicht objektiviert, sondern aus erfahrener Not alles unternimmt, das Leiden einzudämmen – auch im Wissen darum, dass übermächtiges anhaltendes Leiden einen Menschen auslöschen kann. Rainer Maria Rilke fragt sich in den letzten Monaten seiner tödlichen Leukämieerkrankung: „Wir, sind wir von einem bestimmten Grade unsinniger Schmerzen an noch wir?"

Die Gefahr einer Idealisierung des Leidens

Es gilt aber nicht nur darauf aufmerksam zu machen, dass es eine ideologische Pathologisierung jeglichen Leidens gibt, die vom Mitgefühl absieht und in allem Pathos der Leidensbekämpfung das Subjekt des leidenden Menschen mit abschafft. Es gibt auch eine ideelle, maßlose Ablehnung der Leidensbekämpfung, wie sie der Dichter Gottfried Benn beim Sterben seiner Mutter Caroline erlebt hat, weil sein Vater Gustav aus seiner religiösen Überzeugung heraus jegliche Anästhesie ablehnte: „Die qualvoll dahin Sterbende blickte erwartungsvoll auf ihren Ältesten, den frisch gebackenen Arzt, und der wusste natürlich, dass es hier nur noch Schmerzen zu lindern galt, also Morphium zu geben … Aber er hatte nicht mit der halsstarrigen Buchstabengläubigkeit seines Vaters, dem Pastor, gerechnet. Nein, sagte dieser, kein Linderungsmittel, auch die Schmerzen sind von Gott geschickt, und wir haben sie demütig hinzunehmen. So musste also der Sohn und Arzt hilflos zusehen, wie seine Mutter unter Qualen starb.“ (zit. nach Lennig 1962)

Kapitel 2

Die Kunst der Begegnung: wie die Psychotherapie mit dem Leiden umgeht

Passiv erfahrenes Unglück und aktive Herausforderung

Es gibt tausendfaches Leiden, das wie ein Unglück über die Menschen herfällt und sie ohnmächtig niederschlägt. Solches Leiden erlaubt keinen Ausweg, sondern wird als machtvolles Geschehen erfahren, das einen Menschen passiv trifft und unter Umständen zur Verzweiflung treibt. Hier hat ein psychotherapeutisches Verständnis achtungsvoll einer anderen Art Medizin Platz zu machen – einer somatischen Medizin, die z. B. bei körperbedingten Leiden chemisch oder operativ eingreift, um die größte Not zu lindern. Im besten Fall kann diese andere Art der Medizin reparativ wirken und Krankheitskeime, Tumore oder Stoffwechselstörungen beseitigen.

Aber in vielen Fällen wird ein Leiden nicht nur passiv empfunden, sondern geht mit einer aktiven Auseinandersetzung der Betroffenen einher. Das Leid ist dann nicht nur etwas, das einfach passiert. Es bekommt als Leidensakt auch reflexiven Charakter. Es führt zu einer Stellungnahme zu sich selbst. Es geht über das unmittelbare Betroffenwerden hinaus und schließt eine Haltung und ein Verhalten zu sich und zur Welt ein.

Dieses Leiden ist „ein Erleben im Medium des Sinns", wie der Basler Philosoph Emil Anghern formuliert, oder – wie ich hinzufügen möchte – „im Medium der Sinnlosigkeit", denn auch im Leiden an der Sinnlosigkeit geht es um die Frage des Wozu. Weniger akademisch formuliert, erfährt sich der Leidende meist nicht nur als ohnmächtiges Opfer, sondern auch als jemand, der durch das Leiden herausgefordert ist. Aus dem bloßen Leiden wird ein Leidensakt, eine leidvolle Herausforderung. Die so Betroffenen fühlen sich zur Antwort verpflichtet, wobei diese Antwort in Extremfällen auch ein sich selbst zugefügtes Leiden gegen ein fremdbestimmtes Leiden sein kann (vgl. Kapitel 1 dieses Teils 2). Im Allgemeinen sind aber die Antworten auf die Herausforderungen des Leidens weniger auffällig und mehr dem Alltagsgeschehen angepasst.

Im Grunde ist jeder Selbstbewältigungsversuch, mit dessen Hilfe das Leiden vermindert werden soll, eine Antwort auf das Leiden. Am häufigsten versuchen Menschen in Not zu beten oder zu meditieren, Gespräche mit dem Partner und Freunden zu führen, sich mit Arbeit abzulenken oder Trost in Musik oder in Büchern zu finden. Andere, nicht minder häufig praktizierte Formen der Selbsthilfe sind problematischer und längerfristig sogar schädlich. Man denke an ein gefährliches Abreagieren mit aggressivem Autofahren, an die Selbstmedikation mit Alkohol oder Drogen oder an ein ängstliches Verweigerungsverhalten, das zur Isolation führt.

Eine besondere Art der Hilfe zur Selbsthilfe stellt die Psychotherapie dar. Sie ist auf die Mitarbeit der Leidenden angewiesen und vermag deshalb nur die reflexive Herausforderung des Leidens therapeutisch zu unterstützen. Sie ist nicht in der Lage, das Unglück an sich, beziehungsweise das passive Erleiden von lästigen Ereignissen zu beseitigen. Günstigstenfalls kann die Psychotherapie den Leidenden einen Weg öffnen, sich und die Welt neu zu verstehen, sodass auch der Leidensdruck abnimmt. Viele Studien belegen, dass die Psychotherapie in dieser Hinsicht wirksam ist.

Wirkprinzipien der Psychotherapie

Es gibt eine große Anzahl psychotherapeutischer Verfahren, die mit unterschiedlichen Techniken arbeiten. Sie sind von Fall zu Fall je nach Problemstellung auszuwählen. Bei aller Unterschiedlichkeit gibt es aber auch methodenübergreifende Gemeinsamkeiten. Die moderne Psychotherapieforschung hat einige Wirkprinzipien herausgearbeitet, die unabhängig vom angewandten Psychotherapieverfahren gelten.

Der erste Faktor, der für die psychotherapeutische Wirkung eine entscheidende Rolle spielt, ist die Fähigkeit, eine warme, wertschätzende und angstfreie Beziehung aufzubauen. Damit ist angesprochen, was Carl Rogers in der Gesprächspsychotherapie als „Wärme, Empathie und Echtheit" des Therapeuten charakterisiert hat. Orlinsky und Mitarbeitende (1994) haben über 1000 Studien zusammengefasst und die zentrale Bedeutung dieses Faktors herausgearbeitet, sowohl in Individual- wie Gruppentherapien.

Ebenfalls gut untersucht ist die Auswirkung einer positiven Erwartung des Therapeuten. Die Wirkung der positiven Erwartung wird noch vertieft, wenn auch der Patient sie teilt. Strahlt ein Therapeut persönliche Sicherheit, Angstfreiheit und Frustrationstoleranz aus, so kann er für den Patienten eine Modellfunktion im Umgang mit dem Leiden erhalten. Auch das hat sich in der Psychotherapie als bedeutsam erwiesen.

Alle diese unterschiedlichen Wirkprinzipien verweisen darauf, dass der Leidende auf Verständnis angewiesen ist. Er bedarf einer wirklichen Begegnung mit einem anderen Menschen, der sich in sein Leiden einzufühlen und glaubhaft Hoffnung zu wecken vermag. Dies klingt einfach, ist aber gerade bei psychisch Leidenden oft schwer zu verwirklichen.

Depressive Menschen therapeutisch begleiten

So ist zum Beispiel das therapeutische Begleiten von depressiven Menschen auch deshalb anspruchsvoll, weil die Depression eine anhaltende und offene Zuwendung zum betroffenen Menschen erschweren kann. Depressive Verhaltensweisen wirken als mächtige Botschaften.

Sie lösen zum einen bei Partnern und Bezugspersonen häufig Frustration und Hoffnungslosigkeit aus. Weil vor allem Angehörige unter dem Eindruck stehen, bei den depressiven Personen nicht „anzukommen“ und wenig bewirken zu können, neigen sie dazu, sich selbst zu verteidigen. Abwehrende Selbstbehauptung statt offener Zuwendung gegenüber schwer depressiven Menschen ist aber auch bei therapeutischen Bezugspersonen nicht ganz selten.

Weil zum anderen der depressive Patient blockiert und in seiner geistigen Flexibilität eingeschränkt ist, stockt meist der Gesprächsfluss. Zusätzlich fühlt sich der depressive Mensch emotional herabgestimmt. Er empfindet in seinem Inneren eine sich ausbreitende Leere. Auf sein Gegenüber kann dies wie ein depressiver Sog wirken und zu Ärgergefühlen und Deprimiertheit beitragen.

Schließlich kommt die depressive „Botschaft“ auch einem Appell gleich. Infolge vorausgehender Belastungen und Verluste leidet der depressive Mensch nicht nur an psychischen Schmerzen. Er erlebt auch häufig die Depression selbst als ein traumatisierendes Geschehen – als ob er von einer Lawine eingeschlossen wäre. Die von Verzweiflung begleitete Hilflosigkeit des depressiven Menschen löst wiederum bei Partnern Anteilnahme oder Mitleid aus.

Ich halte die Kenntnis der aufgezeigten Dynamik, dass nämlich eine Depression nicht nur Mitgefühl weckt, sondern auch einen zwangsartigen und verunsichernden Effekt auf andere haben kann, zum Verständnis der Wechselwirkungen zwischen depressiven Menschen und ihren Partnern für entscheidend.

Gerade sensible und einfühlsame Bezugspersonen von Depressiven spüren oft in lähmender Weise, dass sie sich in einer Beziehungsfalle befinden. Sie nehmen wahr, dass sie den wirklichen Bedürfnissen der depressiven Patienten, wie sie auch immer handeln werden, im Moment nicht gerecht werden können und fühlen sich dadurch schachmatt gesetzt.

Dadurch erleben sie den Zustand eines depressiven Menschen als herausfordernde Stresssituation. Da sie sich als Angehörige oder therapeutische Partner an den depressiven Menschen gebunden fühlen und sich der unerfreulichen Situation nicht einfach entziehen wollen, geraten sie in einen Annäherungs-Vermeidungs-Konflikt. Sie möchten helfend einspringen, verspüren in sich aber zugleich den Wunsch nach Abgrenzung. So kann es geschehen, dass sie Hilfsangebote in abweisendem Ton machen oder Kritik in lobende Worte hüllen.

Die beschriebenen Interaktionsweisen führen immer wieder dazu, dass Bezugspersonen von depressiven Menschen sich entweder selbst in Frage stellen oder abwehrend Kritik am depressiven Gegenüber üben. Personen, die mit depressiven Menschen nur lose verbunden sind, neigen zum Rückzug; Angehörige in konfliktreicher Beziehung reagieren oft mit Trennungsdrohungen.

Andere fordern den Depressiven – nutzlos und belastend, aus ihrer Situation heraus aber verständlich – dazu auf, wozu sie sich selbst innerlich zwingen müssen: „Du musst dich nur zusammenreißen; du darfst nicht schwach sein; es ist alles gar nicht so schlimm.“ Oder sie verfallen in eine übertriebene Aktivität, weil sie sich selbst wie Eingeschlossene fühlen und dieser Gefahr durch Überstimulation entkommen wollen.

Therapeuten zeigen ihre Schwierigkeiten und Abwehrversuche in der Regel nicht so offen. Doch kommen auch bei ihnen sublime Distanzierungsversuche vor. So verweisen Therapeuten nicht selten darauf, dass sich der depressive Patient aktiv an der Therapie zu beteiligen habe, sonst sei diese erfolglos. Solche unnötigen Sätze sind nur aus einer defensiven Haltung des Therapeuten heraus zu verstehen. Sie beinhalten eine Selbstverständlichkeit und unterstellen dem depressiven Menschen, dass er sich nicht aus der Depression herausarbeiten möchte (als ob jemand eine Depression haben will!).

Solche entmutigenden Reaktionsweisen stehen der nötigen Unterstützung und Anteilnahme für den depressiven Menschen entgegen. Daraus ergibt sich leider oft ein Teufelskreis, der zur

Aufrechterhaltung der Depression beiträgt. Kritische und rechthaberische Worte stellen für den „depressiven Empfänger“ negative Botschaften dar, die ihn in Frage stellen. Sie tragen dazu bei, seine eventuell noch vorhandenen Verhaltensmöglichkeiten weiter zu schwächen. Fühlt sich ein depressiver Mensch in seiner Verzweiflung nicht angenommen, kann er vorübergehend seine Hilf- und Wertlosigkeit noch betonen, um dennoch gehört zu werden.

Solche sich zuspitzenden Entwicklungen stellen eine besondere therapeutische Herausforderung dar. Es braucht spezielle Erfahrung und Fachkenntnis, um die dargelegten Stolpersteine zu umgehen und achtsam zu bleiben für das, was den depressiven Menschen umtreibt (vgl. Kap. 3 im Teil 3). Gerade in ungünstig verlaufenden Fällen kann es besonders wichtig werden, dass der Therapeut seinen eigenen Gefühlen gegenüber offen ist. Bleibt er emotional in sich verankert, fällt es ihm leichter, von diesem Fundament her aktive Schritte auf den depressiven Menschen hin zu tun. Er läuft dann weniger Gefahr, die aktuelle Behinderung des depressiven Patienten abzuwehren oder dessen noch vorhandene Ressourcen zu übersehen.

Auch theoretische und praktische Konzepte, wie sie im Folgenden Erwähnung finden, können als Orientierungshilfen dienen. Nur darf ein solcher Bezugsrahmen nicht ideologisch eingesetzt werden, um sich rechthaberisch von depressiven Patienten abzugrenzen. (Die hier nur kurz dargestellte kommunikative Dynamik des depressiven Geschehens habe ich in meinem Buch „Welchen Sinn macht Depression?“ detaillierter ausgeführt. Dieses Buch bildet auch die Grundlage der folgenden Ausführungen.)

Welche Psychotherapieverfahren sind wirksam?

In den letzten Jahrzehnten sind insbesondere drei Psychotherapieverfahren entwickelt worden, die sich bei kontrollierten Verlaufsstudien als wirksam erwiesen haben. Es handelt sich um die kognitive Psychotherapie, die interpersonelle Psychotherapie und die psychoanalytisch orientierte Therapie. Diese Psychotherapieverfahren haben alle zum Ziel, Hilfe zur Selbsthilfe zu leisten. Unausgesprochen zielen sie auch darauf ab, das grüblerische Hadern depressiver Menschen einzudämmen und ihre Selbsteinschätzung zu stärken. Bei aller Unterschiedlichkeit stimmen sie darin überein, dass der Tendenz depressiv erkrankter Menschen, sich selbst in Frage zu stellen, entgegenzuwirken ist und das Selbstwertgefühl gestärkt werden soll.

Im Folgenden sollen diese drei speziellen Psychotherapieverfahren, die sich bei leichteren bis mittelschweren Depressionen ähnlich wie Psychopharmaka bewährt haben, kurz gestreift werden.

Sokratische Auseinandersetzung mit depressivem Denken: die kognitive Psychotherapie

Der Amerikaner Aaron T. Beck hat von seinem ursprünglich psychoanalytisch und später verhaltenstherapeutisch orientierten Ansatz her eine besondere Gesprächstherapieform für depressiv erkrankte Menschen entwickelt. Diese sogenannte „kognitive Therapie“ vermag in besonderer Weise auf die negative Weltsicht und die damit einhergehende Veränderung des Wirklichkeitssinnes depressiver Personen einzugehen. Die von Beck empfohlene Gesprächsführung kommt vor allem schwer depressiven Patienten besonders entgegen, da sie keine Verarbeitung biographischer Erlebnisse voraussetzt. Zudem bietet die aktive Gesprächsführung durch kognitive Therapeuten den an sich zweifelnden depressiven Personen einen Halt an. Auch greift diese Therapiemethode die Tendenz vieler depressiver Menschen, sich selbst zu kontrollieren, insofern auf, als sie in sokratischer Weise negative Gedanken hinterfragt. Ein Beispiel „kognitiver“ Gesprächsführung gibt folgendes Gespräch (es ist in abgewandelter Form einer Veröffentlichung von Wright und Beck [1985] entnommen).

Herr A: „Ich gerate richtig in Panik und resigniere, wenn ich daran denke, dass ich zur Arbeit gehen muss."

Therapeut: „Was meinen Sie mit panischen Gefühlen?"

Herr A: „Ich spüre zuerst eine Benommenheit im Kopf und befinde mich in einem Zustand äußerster Anspannung. Dann fühle ich mich sehr niedergeschlagen und meine, ich müsste wieder ins Bett gehen."

Therapeut: „Ruft allein schon der Gedanke, wieder an den Arbeitsplatz zurück zu müssen, unangenehme Gefühle hervor?"

Herr A: „Ja, so ist es. Ich möchte am liebsten alles abblocken."

Therapeut: „Haben Sie das versucht?"

Herr A: „Ja. Das hat nicht funktioniert."

Therapeut: „Dann sieht es so aus, als ob ein anderer Weg gefunden werden müsste, um mit der Situation fertig zu werden. Wären Sie bereit, sich Ihre Gedanken genau anzuschauen, um zu sehen, ob es irgendwelche Möglichkeiten gibt, Ihre Schwierigkeiten zu überwinden?"

Herr A: „Ich weiß nicht, ob ich Sie jetzt richtig verstanden habe."

Therapeut: „Sie haben mir gerade berichtet, wie der Gedanke an Ihre Arbeit ängstliche und depressive Empfindungen in Ihnen auslöst. Um ein Beispiel zu geben für das, was ich meine, bitte ich Sie, sich für einen Moment einmal folgende Situation vorzustellen: Sie sind auf dem Weg zur Arbeit und haben bestimmte berufliche Probleme im Kopf, aber Sie sehen auch Möglichkeiten, damit fertig zu werden. Würden Sie sich dann anders fühlen?"

Herr A: „Ich wäre sicher weitaus weniger in Panik, wenn ich wüsste, was ich dagegen tun könnte."

Therapeut: „Damit haben Sie ein Beispiel, wie stark Gedanken und Vorstellungen Ihre Gefühle beeinflussen."

Herr A: „Ja, das leuchtet mir ein. Ich verstehe Sie so, dass Sie mir klar machen wollen, dass die Art, wie ich über meine Probleme am Arbeitsplatz nachdenke, sich stark auf meine Gefühle auswirkt."

Therapeut: „Genau so ist es. Nun taucht die Frage auf, wie Sie möglicherweise Ihre Gedanken ändern können. Möchten Sie, dass wir da fortfahren?"

Herr A: „Ja."

Soweit die Eröffnung eines Therapiegespräches. Ein behutsamer „kognitiver" Gesprächsstil, der die Meinung des Patienten nicht abwertet, sondern sie als Grundlage eines Gedankenexperimentes nimmt, kann auch zum vermehrten Aufbau nicht-depressiven Verhaltens genutzt werden. Die Stärkung aktiven Verhaltens ist wichtig, weil depressive Symptome bei Mitmenschen zuerst einen schonenden Mitleidseffekt auslösen. Das kann für die längerfristige Entwicklung depressiver Menschen zu einem Risiko werden, wenn Mitleid der einzige Gewinn bleibt, der depressiven Menschen erreichbar scheint. Dadurch laufen sie Gefahr, depressives Verhalten unnötig lange beizubehalten. Auf längere Sicht wirkt sich aber depressives Verhalten (wie dargestellt) zwiespältig und blockierend auf die Bezugspersonen aus. Indem nun der Therapeut depressive Ansichten hinterfragt und in kleinen Schritten zu befriedigenden Alltagsbeschäftigungen anregt, wird der Abbau des negativen Denkens und Handelns unterstützt.

Probleme zielgerichtet angehen: die interpersonelle Psychotherapie

Bei einer größeren Zahl leicht bis mittelschwer depressiv erkrankter Menschen stehen weniger persönliche Selbstzweifel im Vordergrund als offen zutage tretende Ehe- und Familienprobleme sowie Kommunikationsschwierigkeiten. Manchmal kommen depressive Menschen über Verlusterlebnisse oder Verletzungen nicht hinweg. In solchen Fällen ist ein direkter Zugang zu den hinter der Verlustproblematik stehenden Konflikten möglich. In der sog. interpersonellen Psychotherapie wird diese Problematik – wie im folgenden Beispiel – zielgerichtet angegangen.

Ein 70-jähriger höherer Staatsbeamter kommt auch vier Jahre nach dem Tod seiner Gattin mit dem Witwerstatus nicht zurecht. Nach längerer hausärztlicher Betreuung lässt er sich an einem Wochenende freiwillig in die psychiatrische Klinik aufnehmen, weil er befürchtet, aus Verzweiflung Suizid zu begehen. Nach einer kurzen stationär durchgeführten Infusionstherapie mit Antidepressiva wird er anschließend über mehrere Monate ambulant behandelt, wobei vorerst die antidepressive Behandlung in Tablettenform fortgesetzt wird. In der gleichzeitig durchgeführten Psychotherapie wird deutlich, dass sich Herr W. auch vier Jahre nach dem Tod seiner Gattin noch verheiratet fühlt. Er ist zwar eine sexuelle Beziehung, die er wie ein außereheliches Verhältnis im Verborgenen führt, zu einer jüngeren Frau eingegangen. Diese hat ihm aber nach kurzer Zeit zu verstehen gegeben, dass sie nur aus Mitleid bei ihm bleibt, aber in ihrer Beziehung keine Zukunft sieht.

Vom Therapeuten immer wieder auf seine Beziehung zu seiner verstorbenen Frau angesprochen, zeigen sich bei Herrn W. tiefe Schuldgefühle seiner Gattin gegenüber. Er glaubt, seine verstorbene Frau, die sich für ihn aufgeopfert habe, im tiefsten unglücklich gemacht zu haben, weil er sich ganz seinem Beruf und seinen Hobbies gewidmet hatte. Nach ihrem Tod habe er eine große Leere verspürt, aber nie wirklich traurig sein können. Auf den Verlust angesprochen, bricht er in der Therapie erstmals in Tränen aus. Einige Wochen später nimmt er über ein Inserat Beziehung zu einer ihm altersmäßig entsprechenden Witwe auf, mit der er zusammenzieht. Zwar fühlt er sich oft noch traurig, benötigt aber keine antidepressive Behandlung mehr.

In solchen zwischenmenschlich ausgelösten Depressionen können betroffene Menschen sehr entlastet werden, wenn ihnen der Verlauf normaler Trauerreaktionen aufgezeigt wird. Wenn ein Therapeut genau zwischen wichtigen Grundgefühlen und depressiver Erstarrung unterscheiden kann, kann er dem Patienten eine Stütze sein, Gefühle wie Traurigkeit, Ärger oder Angst auch bewusst zu erleben, ohne dass diese wegen biographisch begründeter Einschätzungen als Schwächezeichen unterdrückt werden müssen. (Hierzu die Aussage eines depressiven Kranken: „Brav sein hat für mich immer geheißen, nicht zu weinen, weil damit meine Eltern frustriert worden wären.“)

Der Umgang mit Gefühlen nimmt in der Behandlung depressiver Personen eine zentrale Stelle ein. Es nützt nichts, über Gefühle nur zu schwatzen. Auch hilft es nicht weiter, wenn ein depressiver Mensch aus gewohnter Gefälligkeit dem Therapeuten gegenüber Gefühle „vorzeigen“ will. Wenn aber ein depressiv erkrankter Mensch in der Therapie verspürt, dass seine Mitteilungen und seine Gefühlslage ein adäquates Echo erhalten und ungefähr so verstanden werden, wie sie gemeint sind, wird er darin unterstützt, sein Fühlen und damit sich selbst ernst zu nehmen. Schwer depressive Patienten müssen allerdings schon erheblich gebessert sein, damit sie überhaupt wieder in der Lage sind, eigene Gefühle deutlich wahrzunehmen und auszudrücken.

Ärger, Wut und Traurigkeit aufspüren: der psychodynamische Ansatz

Die psychoanalytisch orientierte Therapie ist im Gegensatz zu den bislang besprochenen Psychotherapieformen konflikt- und entwicklungsorientierter. Sie versucht, die Aufmerksamkeit depressiver Menschen anhand von Alltagserlebnissen und Träumen auf briographisch erfahrene Gefühle von Ärger, Wut und Traurigkeit zu lenken. Dabei kommt auch zur Sprache, was das bewusste Wahrnehmen dieser Gefühle verhindert. Hauptziel ist die schrittweise Integration abgewehrter Gefühle in die Persönlichkeitsentwicklung. Diese Therapieform eignet sich in besonderer Weise zur Verarbeitung einer bereits aufgehellten Depression.

Oft können Gefühle wie Traurigkeit oder Wut von depressiven Menschen nur schwer akzeptiert werden, weil sie in Kindheit und Jugend gelernt haben, Gefühle zu unterdrücken: „Ein Bub weint nicht“ oder „Ein Mädchen muss artig sein“. In einem solchen Fall kann die Kenntnis der Biographie dazu dienen, die Gefühlsabwehr verständlich zu machen und Gefühlsäußerungen zu erleichtern. Interessanterweise kann Weinen geradezu das Wiedererwachen aus einer Depression anzeigen. Tränen scheinen die Fähigkeit zu haben, weich zu machen und Bitterkeit aufzulösen. Tränen können sogar, in der poetischen Sprache der Psalmen Davids, zum „Brot bei Tag und Nacht“ werden. Aber auch Wut ist vielfach nötig, um sich von falschen verinnerlichten Haltungen zu lösen.

Eine erhebliche Schwierigkeit des psychotherapeutischen Prozesses besteht oft darin, für eine emotionale Problematik einen adäquaten sprachlichen Ausdruck zu finden. So ist z. B. eine innere Unruhe schwer beschreibbar. Man kann aber trotzdem versuchen, mit ihr ins Gespräch zu kommen und zu hören, was sie zu sagen hat.

Dazu ein Beispiel aus einer psychoanalytisch orientierten Therapie:

Herr Fritz S., ein 55-jähriger Bankdirektor mit lang anhaltender Depression, lokalisierte seine Unruhe im Bauch- und Brustbereich und gab der empfundenen Spannung eines Tages den Namen „Rumor“ (lateinisch = Unruhe, Spannung). Einmal lokalisiert und benannt, versuchte er den Rumor zum Sprechen zu bringen. Er stellte sich vor, was der Rumor zu ihm sagen würde, wäre er der Sprache mächtig: „Du kannst nicht weniger arbeiten, du würdest als Versager dastehen. Du musst die Leistung bringen, die von dir erwartet wird. Würdest du dich frühpensionieren lassen, würde ich dich Schwächling nennen. Und überhaupt: Was würdest du ohne Arbeit tun, trotz finanzieller Sicherheit wäre dein Leben inhaltslos, ein Scherbenhaufen."

Es versteht sich von selbst, dass dieser Rumor den Mann nicht schlafen ließ und ihn tagsüber in Panik und Verzweiflung brachte. Als es Fritz S. jedoch gelang, der Unruhe einen Namen und eine Stimme zu geben, verwandelte sich das vorher unpersönliche Leiden „ängstliche Unruhe und depressive Blockade" nach und nach in ein inneres Gegenüber, mit dem er sich auseinandersetzen konnte. Günstige familiäre und soziale Umstände erleichterten ihm schließlich, sein Leben neu auszurichten und sich mit dem Gedanken einer Frühpensionierung anzufreunden. Je besser es ihm gelang, sich von früheren Wertvorstellungen zu lösen und den inneren Rumor mit anderen Wertvorstellungen zu konfrontieren, desto mehr verschwanden auch sein Grübelzwang und seine depressive Blockade. Über das innere Zwiegespräch dieses Patienten fand eine vorher verborgene Dynamik zur Sprache.

Die seelische Seite der Depression nicht übersehen

Diese innere Seite des depressiven Geschehens droht heute in der Medizin immer mehr übersehen zu werden. Es wird auf die biologische Seite geachtet und oft vergessen, dass die Einstellung zum depressiven Gedanken von nicht zu unterschätzender Bedeutung für die weitere Entwicklung eines Menschen ist. Ähnlich wichtig ist auch die Verankerung in einem „inneren Raum", der einem Menschen ein Gegengewicht gibt gegen die zentrifugalen Kräfte der modernen Lebenssituation, die ein Eingebettet-Sein in kulturell Vorgegebenes zunehmend erschweren. Dieser „innere Raum" kann zwar unter dem Druck des depressiven Geschehens eingeengt werden. Er kann sich aber auch im Heilungsprozess ausweiten, wenn die Achtsamkeit bewusst auf das eigene Erleben gelenkt wird. Davon soll speziell im 3. Kapitel des 3. Teiles die Rede sein.

Kapitel 3

Vom Leiden an der Langeweile zur Freude an der Muße

Viele Menschen leiden daran, dass ihre Zeit unausgefüllt ist. Sie versuchen sich mit Shopping, mit Fernsehen, mit Chatten im Internet und hundert anderen Ablenkungen von der als störend empfundenen Langeweile zu erlösen. Im Mittelalter wurde Langeweile, wenn sie als „unruhige Trägheit" (als „Akedia" – griechisch = Verdruss, Mattigkeit, Widerwillen) erlebt wurde, mit einer Todsünde gleichgesetzt. Heute ist dies anders. Dennoch hat die Langeweile ihren negativen Charakter keineswegs verloren. Unter der modernen Bezeichnung einer „depressiven Verstimmung" versteckt sich häufig eine Art „unruhige Trägheit", die der alten Akedia, dieser Krankheit, die erstmals von den frühen christlichen Eremiten beschrieben wurde, entspricht.

Langeweile darf also nicht sein. Sie darf erst recht nicht sein, seit sich nach der Reformation erfolgreiches Arbeiten zunächst als Zeichen, von Gott auserwählt zu sein, und später als kapitalistischer Gesellschaftswert durchgesetzt hat. Langeweile ist unproduktiv. Sie zeigt im Alltagsgeschäft keinen Nutzen („time is money"). Je stärker sich eine Person nach den geltenden Normen der ökonomisch geprägten Kultur des Abendlandes richtet, desto mehr wird sie die „lange Weile" als „verlorene Zeit" zu meiden suchen.

Langeweile ist auch heute in der Spätmoderne verpönt. Nach den vorherrschenden Werten hat der Mensch vor allem flexibel, mobil und teamfähig zu sein. Das ist nur möglich, wenn er ständig „auf Draht" ist. Da ist kein Platz für Langeweile. Eine ausdifferenzierte Freizeitkultur sorgt dafür, dass auch in der anwachsenden arbeitsfreien Zeit kein langes Verweilen aufkommen soll.

Unter ökonomischen Gesichtspunkten betrachtet, „arbeitet“ der Mensch auch in der Freizeit, z. B. für die Urlaubs-, Sport-, Fitness-, Gesundheits-, Esoterik-, Medien-, Film- und Computerindustrie. Die Erfüllung persönlicher Bedürfnisse, die dank dieser Angebote möglich ist, spielt einen ökonomischen Mehrwert ein. Das Zusammenwirken von Individuum und Geschäft ist für den Einzelnen wie für das größere gesellschaftliche Ganze von nicht zu unterschätzender Bedeutung. Es ergibt sich daraus eine Strukturierung der Zeit, die sowohl der Einzelne wie der Markt nutzen können. Denn die freie Zeit würde zum Problem, wenn sie wirklich frei und nicht mit Inhalten gefüllt wäre.

Freie Zeit

Wir reden heute von „freier Zeit“, weil die Lebenszeit seit Beginn der Industrialisierung immer mehr in eine Zeit der Arbeitswelt und in eine Zeit des Privatbereichs auseinander fällt. Solange es in der vorindustriellen Welt keine Trennung zwischen Arbeit und Haushalt oder Hof gab, konnte auch nicht von einer „freien Zeit“ die Rede sein. Es gab den Werktag und den Sonntag, den Alltag und die Festzeit, aber keine Auftrennung in arbeitsfreie Privat- und arbeitsreiche Gesellschaftszeit.

Freizeit setzt also Arbeitszeit voraus und es macht nur Sinn, diesen Begriff zu gebrauchen, wenn die übrige Zeit nicht frei, sondern von Arbeit oder Verpflichtungen besetzt ist. Diese Abhängigkeit der Freizeit von der Arbeitszeit zeigt sich auch in einem andern Wort, das für freie Zeit gebraucht wird: Urlaubszeit. Das Wort Urlaub leitet sich nämlich von „erlaubt“ sein ab, meint also jene Zeit, die von Verpflichtungen frei ist. (Nur in Klammern sei angefügt, dass sich auch das englische „leisure“ und das französische „loisir“ von Erlaubtsein ableiten, nämlich vom lateinischen Wort „licet“.)

Weil freie Zeit und Arbeitszeit sich gegenseitig bedingen, ist es auch möglich, einen bestimmten Ausgleich zwischen Freizeit und Arbeitszeit zu finden. Wo immer das nicht gelingt, weil das eine das andere verdrängt, ergeben sich Belastungen in der Lebensführung. Die beiden Pole „Freizeit“ und „Arbeitszeit“ stehen dann nicht in einem harmonischen Verhältnis zueinander. So leidet der Arbeitssüchtige daran zu glauben, sich keine freie Zeit leisten zu können. Er läuft Gefahr, sich bis zur Erschöpfung zu überfordern, bei aufgezwungenen Arbeitspausen Abstinenzsymptome zu entwickeln und „in ein Loch zu fallen“. Umgekehrt kann jener, der zu viel Freizeit und zu wenig Arbeit hat, sich langweilen und depressive Leeregefühle entwickeln.

Wenn der Lebensrhythmus gestört ist

Jeder aufgezwungene Arbeitsverlust, sei er durch die Wirtschaftslage oder durch eine Krankheit bedingt, bringt zunächst den Lebensrhythmus eines Menschen durcheinander. Denn die Zeiteinteilung in Freizeit und Arbeit, die unsere Gesellschaft vorgibt, schafft ein Zeitgefüge, nach dem sich auch der Einzelne richten kann. Fällt dieses vorgegebene Zeitgefüge weg, so fühlt sich ein Mensch meist aus dem Rhythmus geworfen und verunsichert. Zusätzlich kann ihm der Verlust der beruflichen Rolle und der damit verbundenen gesellschaftlichen Position zu schaffen machen. Er ist sehr oft mit Gefühlen der Nutzlosigkeit konfrontiert. Zudem kann er die Beziehungen zu Menschen vermissen, die er am früheren Arbeitsplatz hatte. Denn die Arbeit bestimmt in unserer Gesellschaft nicht nur das Zeitgefüge mit, sondern schafft auch Kommunikationsmöglichkeiten. Deshalb führt der Verlust von Arbeit nicht nur zur Störung des Lebensrhythmus, sondern auch zu Kontakt- und Selbstwertverlusten. Aufgezwungene Freizeit, die nicht von Arbeitszeit abgefedert wird, droht zur leeren Zeit, zur Öde, zu werden.

Ein arbeitsloser Besucher eines Treffpunkts für psychisch Kranke findet dafür folgende Worte: „Für mich gibt es überhaupt keine Freizeit. Ich habe nicht mehr Freizeit, weil ich nicht arbeite. Für mich ist die Zeit, in der ich lebe, Überlebenszeit. Für mich ist der Überlebenskampf Alltag geworden“ (zit. nach Gassmann u. a., 2001).

Darin drückt sich die außerordentliche Schwierigkeit aus, den eigenen Lebensrhythmus ohne die Hilfe von strukturgebender Arbeit und ohne Unterstützung einer Gemeinschaft zu gestalten.

Trotzdem gelingt es vielen Menschen, die durch eine Behinderung und durch die Arbeitsmarktsituation ihre Arbeit eingebüßt haben, nach und nach für sich einen Lebensrhythmus zu finden, der Sinn ergibt. So sagt ein anderer Besucher des genannten Treffs: „Ich habe gelernt, meine Freizeit zu genießen. Ich bin Manager meiner eigenen Zeitstruktur.“ Eine solche Aussage mag überraschen. Denn gerade psychisch Leidende, die nicht erwerbstätig sind, haben sich unter erschwerten Bedingungen mit einer unstrukturierten Zeitöde auseinander zu setzen. Ihre Krankheitsproblematik erschwert die ohnehin schwierige Zeitstrukturierung, die selbständig, ohne äußere Zeitgeber zu erfolgen hat, noch zusätzlich.

Wenn Muße zum Muss wird

Die manisch-depressive Krankheit, bei der Kranke Hochs und Tiefs erleben, veranschaulicht, wie sich der Zeitfluss verändern kann. Im manischen Zustand rennt die Zeit gleichsam davon. Die manisch Erkrankten haben größte Mühe, ihr Tempo zu verlangsamen, weil ihre Gedanken vom einen zum anderen springen. Im depressiven Zustand hält der Zeitfluss praktisch an, so dass schwer depressive Menschen dem durchschnittlich vorgegebenen Tempo ihrer Umwelt nicht folgen können. Sie bleiben gleichsam in der Zeit zurück und haben größte Mühe, sich zu entscheiden. Wer als manisch-depressive Person von solchen Veränderungen des Zeitflusses bestimmt ist, hat besondere Mühe, sich selbst überlassen die Zeit einzuteilen und einen einigermaßen regelmäßigen Lebensrhythmus aufrechtzuerhalten.

Auch andere psychisch Kranke ringen mit der Zeit, etwa Suchtkranke, die zwischen Rausch und Entzug hin und her gerissen sind, oder Angstkranke, die aus ständiger Sorge um die Zukunft kaum Entspannung und Schlaf finden, schließlich Psychosekranke, die ihren Bezug zur Alltagsrealität vorübergehend eingebüßt haben. Sie alle haben verständlicherweise erhebliche Schwierigkeiten, einen eigenen Lebensrhythmus zu finden und sich nicht in einem Zeitvakuum zu verlieren oder von den Sturmwellen des Zeitmeeres hin und her geworfen zu werden.

Psychisch schwerer erkrankte Personen brauchen deshalb oft längere Zeit – meist viele Monate, manchmal Jahre –, um sich in ihrer neuen Situation zurechtzufinden. Das unstrukturierte Zeitvakuum sinnvoll nutzen zu lernen setzt voraus, dass die Betroffenen ihre eigenen Zeitgeber werden und für jeden Tag planen, wie sie ihn verbringen wollen. Dazu eine weitere Treffpunkt-Besucherin: „Ich habe gelernt, meine eigene Zeit zu strukturieren. Ich weiß jeden Morgen, was ich tun will. Meistens gelingt es mir auch, das zu tun, was ich mir vorgenommen habe."

Wie ist es möglich, sich seine Zeit selbst einzuteilen? Voraussetzung scheint mir zu sein, dass eine Person den Verlust der gesellschaftlich vorgegebenen Zeitstruktur als Herausforderung annimmt, also nicht (mehr) damit hadert, dass sie viel „leere Zeit" bzw. „lange Weile" hat. Sie muss sich also von der verbreiteten Vorstellung lösen, ein guter Bürger oder eine gute Bürgerin sei in den Rhythmus von Arbeitszeit und Freizeit eingespannt. Sie muss ein Gegenmodell errichten, das die vormals kulturell strukturierte Zeit zur eigenen und selbst verfügbaren Zeit macht.

Sich die Zeit selbst einteilen: historische Vorbilder

Es gibt viele historische Vorläufer solcher Versuche. Die geschichtlichen Beispiele hinken, weil es sich um kulturell eingebundene Bewegungen handelt, die zudem unter ganz anderen sozioökonomischen Bedingungen zustande gekommen sind, als sie heute bestehen. So gingen zwar griechische Aristokraten im klassischen Zeitalter kaum einer Arbeit nach. Aber es ist modernen Menschen, besonders wenn sie arbeitslos oder psychisch krank sind, weder möglich noch zumutbar, deren Vorbild nachzueifern und im Gesellschaftsleben eine Rolle einzunehmen, die dem Leben einen Rhythmus gibt. Dennoch ist es gut zu wissen, dass Arbeit nicht immer als hohes Gut angesehen wurde.

Auch die Beschäftigung mit geistigen Fragen oder Sport, wie sie in den griechischen Philosophenschulen gang und gäbe war, relativiert die Bedeutung der Berufstätigkeit. Das griechische Wort für Muße heißt denn auch „Scholé“. Daraus ist das deutsche Wort „Schule“ abgeleitet, was zeigt, wie Wörter ihre Bedeutung wechseln können. Scholé, Muße im griechischen Sinn, diente der schöpferischen Selbstentfaltung. Die Muße diente den alten Griechen dazu, selbst aktiv zu werden und sich mit Geistigem zu beschäftigen, weil körperliche Arbeit zu ihrer Zeit Aufgabe der Sklaven war.

Auch der Adel des Mittelalters hat sich von der körperlichen Arbeit ferngehalten. Er hat die freie Zeit in höfischen Ritualen, mit durchorganisierten Ritterspielen und mit dem Kalender der kirchlichen Festtage zu gliedern versucht. Auch dieses Beispiel hilft uns heute kaum weiter. Es gibt die Gesellschaft nicht mehr, die sich nach dem höfischen Zeremoniell richtet. Auch der kirchliche Festkalender wird nur noch selten als Zeitgeber benutzt. Mit dem Aufkommen des Bürgertums ist die früher positiv eingeschätzte Muße zum negativ bewerteten Müßiggang geworden. Denn das Bürgertum konnte dem reichen Adel nur den Rang ablaufen, wenn es hart arbeitete. Konsequenterweise hat es das geflügelte Wort geprägt: „Müßiggang ist aller Laster Anfang." Damit konnte gleich auch noch der müßiggängerische Adel getadelt werden.

Ist das aber so? Ist Müßiggang aller Laster Anfang? Oder ist mit diesem Sprichwort nicht vielmehr das Müßiggehen – wie ungefähr zeitgleich auch die „lange Weile" – zum Laster erklärt worden? Kein moderner Mensch möchte wohl die Möglichkeit zum Müßiggang, die er dank der mühsam erkämpften arbeitsfreien Zeit hat, wieder hergeben.

Ein weiteres historisches Beispiel von Menschen, die viel Muße hatten, kommt der heutigen Situation etwas näher, weil diese Menschen über keine gesellschaftlich vorgegebene Zeitstruktur verfügten. Es handelt sich um die ersten christlichen Wüstenmönche, von denen in diesem Buch später noch die Rede sein wird. Diese Eremiten zogen sich in wüstenähnliche Gebiete des Nahen Ostens zurück, um sich ganz ihren inneren Erfahrungen zu öffnen. Natürlich ist auch dieses historische Beispiel nicht einfach auf die heutige Zeit zu übertragen. Von allen historischen Beispielen kommen aber diese Anachoreten (was man mit dem modernen Wort „Aussteiger" übersetzen kann) der Herausforderung am nächsten, die viele randständige Menschen heute zu bestehen haben. Es waren übrigens nicht nur fromme Gründe, die die Eremiten in die Wüste trieben. Es gab auch durchaus weltliche Motive, etwa die Flucht vor Strafbehörden – wie möglicherweise beim früheren Räuberhauptmann Moses – oder der Rückzug aus problematischen Beziehungen mit Frauen und aus Zwisten mit Bischöfen, wie bei Evagrius Ponticus. Immer aber hatten diese sog. Wüstenväter schwierige Lebensbedingungen zu meistern. Sie waren auch gezwungen, aus einer Zeit-Wüste einen Zeit-Garten zu machen, der sie nicht sterben oder verzweifeln ließ.

Am schwersten war es für die Wüstenmönche, die Tagesmitte zu bestehen, wenn die Sonne senkrecht über ihnen stand. Das war denn auch die Zeit, in der diese Männer und Frauen die Muße kaum mehr aushielten und Gefahr liefen, die kontemplative Konzentration auf das, was ihnen wichtig war, zu verlieren. Eine klassische Beschreibung stammt von Evagrius Ponticus: „Zuerst scheint es dem Mönch, dass sich die Sonne, wenn überhaupt, nur ganz langsam weiter bewege und dass die Länge des Tages mindestens fünfzig Stunden betrage. Er fühlt sich genötigt, dauernd aus der Höhle zu schauen, erst in diese, dann in jene Richtung zu blicken, um vielleicht einen anderen Eremiten eine Höhle verlassen zu sehen. Langsam lässt dieser Zustand im Herzen des Mönches einen Hass auf den Ort aufsteigen, an dem er sich befindet, auf sein gegenwärtiges Leben und auch auf das, was er tut. Er macht ihn glauben, dass es keine Liebe gibt."

Diesen Zustand haben die Wüstenmönche – wie eingangs erwähnt – „Akedia" genannt. Dieses griechische Wort wurde mit Langeweile, Verdruss oder Ekel übersetzt. Es entspricht recht genau dem, was wir heute depressive Verstimmung nennen (vgl. zweites und drittes Kapitel in Teil 3).

Für die Wüstenmönche hing der Zustand der Akedia damit zusammen, dass die Zeit nicht mehr sinnvoll gegliedert werden konnte. Sie schien sinnlos lang und ohne Inhalt zu sein. Die Eremiten standen vor der Aufgabe, diese lange Weile, dieses Nicht-Voranschreiten des Zeitflusses, als Herausforderung anzunehmen, um damit zurechtzukommen. Wer dieser „Versuchung", wie sie die Akedia nannten, nachgab und in Ablenkungen Ruhe zu finden suchte, wurde nach ihrer Erfahrung immer häufiger von solchen Zuständen geplagt. So konnte in einer Geschichte, die von Abbas Arsenius erzählt wird, sogar eine altruistische Aktivität getadelt werden, wenn sie Ausdruck von Ungeduld ist und der egozentrischen Ablenkung dient: Ein Mönch kommt zum Altvater Arsenius und spricht: „Meine Gedanken quälen mich, indem sie mir sagen, du bist ganz leer, du kannst nicht fasten und auch nicht arbeiten. Besuche wenigstens die Kranken, denn auch damit machst du eine gute Tat." Arsenius sagt zu ihm: „Geh und iss, trinke, schlafe und sei müßig, nur verlass deine Höhle nicht!"

Mit dieser Geschichte wird der Überzeugung Ausdruck gegeben, dass es sich lohne, der langen Weile standzuhalten, selbst wenn im Moment kein Sinn darin gesehen werden könne. Der Sinn zeige sich oft erst nachher, wenn die leere Zeit durch das Ausharren Bedeutung und Konturen bekomme.

Um die lange Weile auszuhalten, die in der Einsamkeit auftrat, suchten die Wüstenväter nach Mitteln, besser damit fertig zu werden. Sie fanden eine wichtige Hilfe im steten Wechsel von geistiger Tätigkeit und handwerklicher Beschäftigung. Diese Erkenntnis hat der Klostergründer Benedikt von Nursia später auf die Formel gebracht: Ora et labora (bete und arbeite). Die Kürze dieser Formel kann irreführen, wenn Arbeit z. B. mit Leistung gleichgesetzt wird. Weniger irreführend ist die kurze Geschichte, die von Antonius, dessen Versuchungen in die Kunstgeschichte eingegangen sind, erzählt wird:

Als Antonius einmal in verdrießlicher Stimmung und mit düsteren Gedanken in der Wüste saß, klagte er zu Gott: „Ich möchte gerettet werden, aber meine Gedanken lassen es nicht zu. Was soll ich in meiner Bedrängnis tun?" Bald darauf ging er ins Freie und hatte eine Vision: Da saß ein Mensch, der zuerst von seiner Arbeit aufstand, um zu beten, dann sich wieder setzte und an einem Seil flocht, einige Zeit später wieder sich zum Beten erhob usw. Gleichzeitig hörte Antonius seine Stimme, die ihm sprach: „Mache es so und du wirst gerettet werden." Als Antonius dies vernahm, wurde er von großer Freude und mit Mut erfüllt.

Die selbst gewählte Rhythmisierung des Lebens ist wohl die wichtigste Erkenntnis, die von historischen Studien übernommen wurde. Die enorme Bedeutung der Rhythmisierung des Lebens wird auch durch neue Studien bestätigt, die den stimmungsstabilisierenden, vor Verstimmungen schützenden Effekt eines festen Tagesrhythmus aufzeigen.

Lange Weile muss aber nicht zu Langeweile im aktuellen Sprachverständnis werden. Sie kann auch zur Kunst des Müßiggangs, zur Muße führen.

Vom tieferen Sinn der Muße

Interessanterweise hat das deutsche Wort „Langeweile“ nicht immer das gleiche bedeutet. Zunächst bedeutete der altgermanische Begriff „Weile“ „Ruhe, Rast, Pause“ (Duden Herkunftswörterbuch). Daraus hat sich die Bezeichnung „Zeitraum“ entwickelt. Erst Anfang des 18. Jahrhunderts bekommt das deutsche Wort Langeweile eine negative Bedeutung. Statt wie früher eine lange Pause, ein langes Verweilen, zu bedeuten, erhält es nun die negative Bedeutung von „langweilig“, „ohne Reiz“, „sinnlos lang“. Die Langeweile wird nun entsetzlich, eben entsetzlich langweilig. Heute ist Langeweile so stark abgewertet, dass sie nahezu den Charakter einer Störung hat. Das Leben hat interessant zu sein, sodass Langeweile keinen Platz findet. Aber hat die rasende Suche nach interessanten Erlebnissen nicht gerade mit der stets drohenden Langeweile zu tun?

Der norwegische Philosoph Lars Svendsen führt die Langeweile auf einen Mangel an persönlicher Überzeugung bzw. Sinnleere zurück. Die Zeit werde als leer erfahren, weil ein Mensch leer an Inhalten und Überzeugungen sei. Es lohne sich nicht, irgendetwas zu tun, weil man kein Ziel für irgendein Tun zu haben scheint. Lars Svendsen ist der Auffassung, dass die Informationsflut und die spätmoderne Erlebniskultur dazu dienen, die stets lauernde Langeweile auf Distanz zu halten.

Insbesondere junge Menschen laufen Gefahr, aus Angst, etwas zu verpassen, nicht mehr bei sich selbst verweilen zu können. Gerade deshalb werden sie anfällig für das Gefühl der Langeweile.

Dass Langeweile heute wahrscheinlich verbreiteter ist als je zuvor, lässt sich an der wachsenden Anzahl „sozialer Placebos“

ablesen. Mangels persönlicher Sinnfindung müssen alle möglichen Vergnügungen Ersatz bieten. Ist nicht auch unsere Faszination für das Besondere, Außergewöhnliche und Bizzare, wie sie sich in den Massenmedien widerspiegelt, Ergebnis eines langweiligen Lebens, fragt sich Lars Svendsen (2002). Und ich frage mich: Haben sich nicht nur psychisch behinderte Menschen mit der langen Weile, mit der Muße in besonderer Weise auseinander zu setzen, sondern alle Menschen, die mit immer mehr unstrukturierter Zeit konfrontiert sind? Bilden psychisch behinderte Menschen gegen ihren Willen und unter erschwerten Umständen möglicherweise eine Art Avantgarde?

Die Individualisierung, die Entrhythmisierung und die Technisierung des modernen Lebens bringen es mit sich, dass die meisten Menschen in den westlichen und östlichen Industrienationen mehr und mehr einen persönlichen Zeithaushalt entwickeln müssen und sich immer weniger nach gewohnten Biorhythmen, nach kulturell vorgegebenen Zeitabläufen und festen familiären Programmen ausrichten können. Die moderne Technik erlaubt es, die Nacht zum Tag zu machen. Die gesellschaftlichen Veränderungen haben dazu geführt, dass die festen Einteilungen des früheren Kirchenjahres sich in eher zufällige „Events" aufgelöst haben. Die Familienbande sind lockerer geworden, sodass immer mehr Menschen in wechselnden Paarbeziehungen aufwachsen, ohne feste Traditionen, ja sogar ohne bestimmte Gebräuche und Sitten. Die Zeitspanne, in der ein Mensch sich selber überlassen ist, wird größer und größer. Gleichzeitig bietet die spätmoderne pluralistisch geprägte Kultur wenig Hilfen an, das Leben auf einen Sinn auszurichten. Das verfügbare Informationspotential ist zwar heute so groß wie nie zuvor. Aber auf Fragen, die nicht mit physikalischen oder naturwissenschaftlichen Mitteln zu lösen sind – nämlich z. B. auf die Frage, „Wozu lebe ich und was ist der Sinn meiner Existenz?" oder auch: „Wie lebe ich persönlich am sinnvollsten"? – gibt es trotz Psychoboom und

Esoterik kaum zufrieden stellende Antworten. Während der Wissensstoff exponential zunimmt und das Anhäufen von Informationen das moderne Leben extrem beschleunigt, verlieren die traditionellen Hilfestellungen zur Lebensführung an Kraft und es bleiben die existentiell bedeutsamen Sinnfragen unbeantwortet.

Wir sind in dieser Lage versucht, die grundlegenden Lebensfragen naturwissenschaftlich zu beantworten, obwohl die Natur uns die Frage nicht beantwortet, wozu wir leben und was persönlich für uns einen Sinn machen kann. Auch die Entschlüsselung des Genoms oder das Durchsichtig-Machen des Menschen mit bildgebenden Verfahren kann keine Antwort darauf geben, was unsere Ziele im Leben sein sollen. Der Psychotherapeut Urs Ruckstuhl schreibt: „Die Fragen nach Vergänglichkeit, Tod und dem Sinn unseres Lebens können wir nicht mit Informationen aus dem Internet zum Schweigen bringen. Würden sich die Menschen in einer neuen Zeitstruktur mehr Eigenzeit zugestehen, so könnte es sein, dass sie sich mehr Zeit nähmen, sich diese Fragen wieder zu stellen.“ (Gassmann u. a., 2001)

Tatsächlich scheint es nötig, neben Wissensfragen wieder vermehrt ethische und geistig-seelische Fragen zu stellen, neben Fragen nach dem Grund, dem Warum, auch Fragen nach dem Wie und Wozu. Nicht, weil wir diese Fragen ein für allemal beantworten können, sondern weil diese Fragen – und die Antworten darauf – unser Leben mitbestimmen. Noch wichtiger scheint mir, dass wir mit dieser Art Fragen den Blickpunkt verändern. Wir sehen nicht mehr nur das Äußere oder das an uns, was sich von außen beobachten lässt – was uns von außen bestimmt –, sondern wir nehmen dann wahr und spüren, was uns innerlich bewegt. Erst diese „Innenperspektive“ vermag uns zu uns selbst zu führen. Sie hilft uns, uns selbst zu bestimmen. Das ist aber nur möglich, wenn wir Zeit für uns selbst haben, wenn wir die Muße pflegen und wenn wir uns nicht nur durch das Äußere allein definieren lassen – durch Positionen, Rollen,

Status und Bildung. In diesem Sinne sind wir alle mehr oder weniger gefordert, uns Muße zu erlauben.

Die Metapher vom „Erlebnis-Gedanken-Baum"

Zum Schluss dieses Kapitels möchte ich einen ehemaligen Patienten zu Wort kommen lassen. Er hat infolge einer psychischen Erkrankung den Beruf als Lehrer verschiedener Fachbereiche aufgeben müssen und über Jahre um sein inneres Gleichgewicht gekämpft. In einem seiner Briefe an mich verglich er seine Entwicklung mit einem „Erlebnis-Gedanken-Baum", der seine Früchte langsam reifen lässt. Er sprach damit seinen Versuch an, „das Rüsten von Gemüse und andere einfache praktische Tätigkeiten nicht weniger wichtig zu nehmen" als sein Bemühen um „lebensphilosophische Erkenntnisse und Einsichten". Erleben und Denken sollten sich miteinander verbinden wie Stamm und Krone im Wachstum eines Baumes. „Bald in langsamem und harzigem Tempo, dann wieder schnell und dicht, wächst so der Erlebnis-Gedanken-Baum aus dem Boden der alltäglichen Wirklichkeit heraus." Dabei ist ihm alles eine Hilfe, was Bodenhaftung hat, sei es im Arbeits- oder Wohnumfeld, sei es bei literarischer oder philosophischer Lektüre. Keinen Boden verschaffen ihm im Alltag „Doppel- und Mehrfachbotschaften", womit er meint: „Das eine sagen und tun, das andere fühlen und denken". Als äußerst unbefriedigend erlebt er beschönigende Mitteilungen anderer Menschen, welche die Realität entweder ungenau oder gar verdrehend wiedergeben. Demgegenüber sind ihm Zeiten wirklicher Begegnung hilfreich, auch wenn sie Kritik enthalten oder im konkreten Alltag von enttäuschendem Verhalten gefolgt sein mögen.

„Menschen mit seelischen Problemen haben nicht selten eine feinste Antenne dafür, wo und wie die sog. Gesunden zu ihnen ganz, ganz echt, ehrlich, wahrhaftig, liebevoll klar und vorbildlich sind. Und sie vermögen zuweilen Fehlerhaftes in Sein und Verhalten von „Gesunden“ mindestens so zutreffend zu erkennen, wie sie solches von den Über-sie-Verfügenden ihrerseits offen oder allenfalls freundlich-nett-maskiert angekreidet erhalten.“

In gedanklicher und erkenntnisorientierter Hinsicht ist dem Briefschreiber weniger schematisch Geordnetes oder punktuell Aufgereihtes eine Hilfe als das, was organisch gewachsen scheint und Leben atmet. „Aus jüdischer Tradition gefällt mir die Grundhaltung der Heiligung möglichst aller noch so kleinen Dinge des Alltags-Lebens. Ich nenne es zuweilen das Erden, jenes konkrete Alltags-Training, das bestens helfen kann, dass man in den Gedanken-Höhenflügen auf dem Boden verankert bleibt, um so einen Ikarus-Absturz zu vermeiden.

Die allereinfachsten Dinge sorgfältig tun, möglichst nichts abzuwerten oder zu verachten, dünkt mich eine selbsterzieherische und wesentliche Liebes-Übung, zumal wir doch als Menschen vorerst einmal zur Bewältigung des Irdisch-Konkreten aufgerufen sind.“

Daraus folgert mein ehemaliger Patient und heutiger Brieffreund: „Das Immer-wieder-Austragen der aus dem Leben errungenen Grundanliegen tut gut, und es ist wichtig, auch die eigenen Kräfte zu berücksichtigen, selbst wenn natürlich in mir zuweilen ein richtiger Stau von Erfahrungen eingelagert sitzt, als Folge der Tatsache, dass das Leben (mir) die Ausgebremstseins-Phase mit dazugehörender ‚Hiobs-Erfahrung‘ verordnet hatte …

Wer verlässt denn schon – das kann man vielleicht so allgemein formulieren – die Trick-Palette von Gewinn-, Erfolgs- und gar Verführungs-Möglichkeiten – den Ego-Kitzel – auf Grund eigener Veranlagungen und Begabungen, ohne dass ihn ‚der An- oder Aufruf des tiefern Seins‘ zur Entscheidung führte? Wer sich … auf die Wege der Aufrichtigkeit und Wahrhaftigkeit begibt, hat doch recht eigentlich vorerst mal manches ablegen zu lernen und zu verlassen, was bürgerlich-übliches Leben vorher auch angenehm und sogar sehr schön gemacht hat.“

Mein ehemaliger Patient schildert im Rückblick, wie er durch seine Krankheit, verbunden mit einem langen und schmerzlichen Trauerprozess, aus den gewohnten Tätigkeiten und Beziehungen herausgefallen ist, bis er nach Jahren für ihn überraschend wieder tatkräftig und kontaktfreudig wurde. Diese Erfahrung habe ihm eine Lebenspraxis der schöpferischen Muße ermöglicht. Statt wie manche Menschen möglichst viel auf einmal zu wollen – was dazu führt, dass sie sogar zum Entspannungstraining hetzen – übt er sich „seit dem Wiederaufleben nach langer Krisenzeit in einer verweilenden Achtsamkeit auch inmitten von moderner Hektik". Wichtig ist ihm, sich dem Kleinen und Alltäglichen zu widmen und sich dabei selbst zu spüren.

Mein Brieffreund nimmt wohl mit dieser errungenen und stets neu angestrebten Lebenspraxis etwas voraus, was wir „Normalverbraucher" noch lernen müssen. Seine Grundhaltung deckt sich mit der Ansicht des modernen Philosophen Gernot Böhme, dass der heutige Mensch nicht darum herumkomme, das leibliche Sich-Spüren in Zukunft vermehrt schätzen zu lernen. Infolge der Computerisierung des Arbeitsplatzes, welche die körperliche Anstrengung verdränge, und infolge der Verbreitung von Fernsehen und Internet, welche die erlebbare Welt in die Ferne rücke, sei der Mensch – so Böhme (2003) – darauf angewiesen, seine Leiblichkeit bewusst und gezielt zu erfahren. Nur wer sich spüre, also „leiblich anwesend" sei, könne auch Freude am Dasein erleben.

Auch mein ehemaliger Patient empfindet die „Lust an der leiblichen Anwesenheit" als unabdingbare Voraussetzung, initiativ und schöpferisch zu sein, um „sich selber als seelisch im Fluss zu erfahren".

Teil 3

Für die Seele sorgen

Kapitel 1

Religion und Psychiatrie

Historische Wurzeln eines schwierigen Verhältnisses

Die Psychiatrie ist ein Kind der Aufklärung, also jener modernen Bewegung, welche das religiös geprägte Weltbild des Mittelalters durch wissenschaftliches Denken aufdecken und ablösen wollte. Was vorher als heilig bzw. sakral betrachtet wurde – etwa die Epilepsie, welche auch als „heilige Erkrankung" verstanden wurde –, sollte im weltlichen bzw. profanen Sinne verstanden werden. Konsequenterweise entstand die Psychiatrie im 18. und 19. Jahrhundert als medizinische Gegenbewegung zur kirchlichen Seelsorge. Noch Eugen Bleuler, der Schöpfer des Schizophreniebegriffs, hat zu Beginn des 20. Jahrhunderts religiöse Vorstellungen in die Nähe von Wahnideen gebracht.

Heute stellt sich die Situation anders dar. Inzwischen ist z. B. auch der Fortschrittsglaube der Aufklärung selbst (durch Adorno und andere) einer Kritik unterworfen worden. Zunehmend werden auch wissenschaftliche Lehrmeinungen und technische Errungenschaften hinterfragt, seit sich gezeigt hat, dass sie zur Entwicklung der Atombombe und zur teilweisen Zerstörung der Natur beigetragen haben.

Dieses Kapitel ist die Überarbeitung eines Beitrages in Promente sana aktuell Heft 4, 2003.

Die aufklärerische Entzauberung der Welt hat darüber hinaus nicht dazu geführt, dass das Interesse an kulturellen und religiösen Fragen abgeklungen wäre. An der Wende vom 20. ins 21. Jahrhundert finden gerade religiöse Vorstellungen und Erlebensweisen ein wachsendes Interesse. Heute kann die Psychiatrie nicht mehr so tun, als handle es sich beim religiösen Erleben um ein neurotisches oder gar psychotisches Problem bzw. um eine „hauptsächlich unbewusste Phantasie des kindlichen Lebens, die das Sexualleben eines Elternteils betreffen“ (Sigmund Freud).

Noch werden aber religiöse Erlebensweisen im psychiatrischen und psychotherapeutischen Alltag allzu oft tabuisiert. Sie kommen häufig auch dann nicht zur Sprache, wenn es hilfreich wäre. So sagte mir ein therapieerfahrener Patient: „Generell ist es bei Psychiatern viel leichter, über Sex als über Religion zu sprechen.“ Aber heutige Psychiater und Psychotherapeuten können es sich – unabhängig von ihrer religiösen Einstellung – immer weniger leisten, gegenüber religiösen Phänomenen ignorant zu sein. Sie müssen um religiöse Erscheinungsformen schon allein deshalb wissen, um in der Lage zu sein, sie von krankhaften Symptomen abzugrenzen.

Darüber hinaus finden Patienten mit einer positiven Glaubensüberzeugung oft gerade in schwierigen Situationen eine Kraftquelle in religiösen Praktiken wie Gebet und Kirchenbesuch. Diese Ressourcen zu bekämpfen ist schlicht untherapeutisch und schädlich. Ebenso ungünstig ist es, wenn versucht wird, Patienten mit Glaubensproblemen von ihrer religiösen Verankerung abzubringen. In der Regel leiden religiöse Menschen nicht an ihrem Gottesglauben, sondern an einer anerzogenen Vorstellung, dass Gott streng und strafend sei und sie wegen Missetaten verurteilt oder verlassen habe. Auch diese Menschen wollen in der Regel nicht von Religiosität „befreit“ werden, doch belastet sie ihr strenges Gottesbild. Der Psychotherapeut Andreas Dick schreibt dazu: „Therapeuten können gegenüber Patienten, die unter einem negativen Gottesbild leiden, durchaus die religionskritische Haltung der Psychoanalyse vertreten, dass dieses Gottesbild eine Projektion von Schuldgefühlen darstellt, jedoch ohne grundsätzlich die Realität eines göttlichen Seins in Frage zu stellen. Der Gedanke, dass ‚Gott' im Grunde wohl ganz anders ist, als die Menschen ‚ihn' sich vorstellen, kann Patienten mit religiösen Problemen helfen, sich von starken ‚Über-Ich-haften' Projektionen zu lösen." (Dick 2003)

Falsche Gleichsetzungen von Religion, Kirche und Magie

Die geforderte Offenheit gegenüber religiösen Phänomenen dürfte heutigen Psychiatern etwas leichter fallen, weil sie im Vergleich zu früheren Psychiatergenerationen weniger um Macht und Einfluss ihres Faches zu ringen haben und kaum mehr gegen mächtige kirchliche Dogmen ankämpfen müssen. Diese veränderte Situation macht es leichter zu erkennen und zu akzeptieren, dass religiöses Erleben keine Folge kirchlicher Indoktrinationen, sondern ein natürliches Bedürfnis vieler Menschen ist. Auch intensive religionswissenschaftliche Forschungsbemühungen haben deutlich gemacht, dass religiöses Erleben eine besondere menschliche Fähigkeit darstellt und nicht an eine bestimmte kirchliche Tradition gebunden ist.

In der Soziobiologie – der Wissenschaft, welche den Zusammenhang von Genen und Kulturen studiert – wird heute sogar ernsthaft diskutiert, ob der Mensch – im Gegensatz zu Tieren – über eine besondere erbliche Veranlagung zu religiösem Erleben verfüge. Auch die Wissenschaft der (Vor-) Geschichte hat keinen religionslosen Zustand der Menschheit feststellen können. Zu allen Zeiten und in allen Gesellschaften ist Religion als Urgegebenheit aufgetreten. Historisch wurde auch gezeigt, dass sich, entgegen früheren Annahmen, religiöses Erleben nicht von kulturellen Erscheinungsformen wie Animismus (Seelenglaube), Totemismus (totem = Schutzgeist), Magie oder Zauberei ableiten lässt. Auch der Glaube an ein Jenseits oder an eine Wiedergeburt ist kulturgeschichtlich später aufgetreten, sodass also das ursprüngliche religiöse Erleben nicht psychologisierend als bloße Wunschvorstellung abgetan werden kann.

Religion ist kein Ding wie das Gehirn

Die früher zu beobachtende Abwehr des Religiösen in der Psychiatrie hat weniger mit Fakten als mit der eigenen Geschichte dieses Faches zu tun. Dazu gehört auch der Umstand, dass bis ins 20. Jahrhundert hinein emanzipatorische Fortschritte nur im Kampf gegen absolutistisch auftretende Weltanschauungen und „Religionen“ zu erringen waren. In diesem Ringen wurde – im Sinne des naturwissenschaftlichen Ansatzes – alles, was nicht von außen zu beobachten und zu messen war, also alles Subjektive und Transzendente, abgelehnt oder zumindest skeptisch beurteilt.

Religiöses Erleben ist aber weder beobachtbar noch messbar. Nur seine Auswirkungen sind allenfalls von außen feststellbar. Auch kann vergleichend untersucht werden, wie Menschen ihr religiöses Erleben in Ritualen organisieren und welche Glaubensformen bzw. theologischen Konzepte sie daraus entwickeln. Rituelle Handlungen und theologische Konzepte gehören zwar in einem weiteren Sinne auch zur Religion. Sie stellen aber äußere Aspekte dar, die das zugrunde liegende innere Erleben ergänzen, aber nicht ersetzen können.

Die Besonderheit des religiösen Erlebens

Religiöses Erleben ist als „fühlendes Erkennen eines Umfassenden“ charakterisiert worden. Es ist aber weniger Wissen als vielmehr Hingabe oder auch – mit Rudolf Otto gesprochen – „mysterium tremendum fascinans“, ein erschütterndes und faszinierendes

Gefühl vor dem Unsagbaren und Übermächtigen. H. D. Thoreau wählte für diese tiefe Erfahrung den Vergleich mit dem Gewahrwerden eines „privaten Meeres“, das von mannigfachen Strömungen unserer inneren Natur gespeist wird.

Zwar können im Zusammenhang mit religiösen Erlebnissen selten auch Auditionen (Stimmenhören) und Visionen (Gesichtersehen) auftreten, doch charakterisieren diese außergewöhnlichen Erfahrungen das religiöse Erleben gerade nicht. Viel eher scheint im religiösen Erleben der Schleier des gewohnten Alltagsbewusstseins wegzufallen, sodass das Erleben eine größere Tiefe bekommt, als ob sich der Grund der Dinge offenbare.

Solche Tiefenerfahrungen sind wohl selbst in kirchlichen Kreisen nicht sehr häufig, doch dürften die meisten Menschen über einen „religiösen Keim“ verfügen, der sie ahnen lässt, was mit religiösen Erfahrungen gemeint ist. Der bekannte Psychologe William James hat als skeptischer Wissenschaftler bereits vor einem Jahrhundert viele Mitteilungen von religiösen Erfahrungen gesammelt und sie analysiert. Dabei hat er für sich selber festgestellt: „Obwohl ich ein solches ‚Gottesbewusstsein‘ (d. h. religiöses Erleben) im unmittelbaren und starken Sinne des Wortes nicht besitze, so habe ich doch etwas in mir, das reagiert, wenn ich andere darüber reden höre. Ich erkenne da eine tiefere Stimme.“ (James 1982)

Nach religionswissenschaftlichen Studien z. B. von Mircea Eliade wirkt sich religiöses Erleben schon in archaischen Kulturen dahin gehend aus, dass das vorher ungerichtete Zeit- und Raumerleben der Menschen eine sinnstiftende Ausrichtung und eine strukturierte Ordnung bekommt. Wenn heute noch in Asien heilige Gegenstände (wie Steine und Pfähle) zum Schmücken von Häusern und Wohnungen verwendet werden, so liegt der Sinn darin, mit diesen Symbolen den physikalisch ungegliederten Raum zu zentrieren und den Bewohnern ein Gefühl der Verwurzelung zu geben.

Auch der moderne profane Mensch, der sich religionslos gibt, bewahrt noch Spuren von religiösem Verhalten, nur ist er sich dessen selten bewusst. So haben Neujahrsfeierlichkeiten, Geburtsanzeigen, Hauseinweihungen usw. immer noch die Struktur eines ursprünglich religiösen Erneuerungsrituals beibehalten. Viele Filme, die den heldenhaften Kampf mit einem Ungeheuer zum Thema haben, sind getarnte Mythologien. Sie wiederholen den mythischen Kampf des Weltenschöpfers mit dem Chaos bzw. archaische Initiationsrituale, die einen Kampf um Leib und Leben abbilden. Auch die moderne profane Medizin nutzt die Macht religiöser Symbole, wenn sie „neues Leben" verspricht oder die „Droge Arzt" einsetzt, als wäre der moderne Therapeut noch ein heilender Medizinmann.

Trotz aller Säkularisierung bzw. Verweltlichung beeinflussen religiös motivierte Traditionen weiterhin unser Leben. Sie verschaffen uns – auch unabhängig von jedem Aberglauben – eine gewisse Ausrichtung, wenn auch auf unbewusste Weise oder in wissenschaftlich verbrämtem Gewand.

Religiöses Erleben und psychische Erkrankung

Religiöses Erleben findet sich auch bei psychisch Kranken. Wenn Kranke religiöse Erlebnisse haben, kann daraus nicht geschlossen werden, dass diese notwendigerweise auch krankhaft sind. Aber ähnlich wie gesunde Menschen können auch psychisch Kranke aus dem Religiösen und Sakralen einen Vorteil zu gewinnen versuchen und es damit zu einer profanen Sache machen. Anders formuliert: Gesunde und Kranke können religiöses Erleben missbrauchen, um damit ein Ziel zu erreichen, etwa: sich und andere Menschen mit religiösen Vorstellungen zu beeindrucken, sich vor sich selbst und vor anderen damit größer zu machen oder sich dahinter zu verstecken, um das Elend des Alltags nicht an sich herankommen zu lassen.

Da psychisch Kranke oft um ihre Identität ringen müssen und häufig durch Behinderung und Stigma belastet sind, sind sie auch nicht selten überfordert, die eigene Erfahrung an die Alltagsrealität anzupassen und das besondere religiöse Erleben von der äußeren Tatsachenwelt zu trennen. Es darf aber nicht vergessen werden, dass sie in einer speziellen Notsituation sind und dass sie sich nicht nur vielfach unverstanden fühlen, sondern dass sie oft auch unverstanden sind. Aus der Vereinzelung heraus nimmt aber religiöses Erleben leichter sonderhafte Züge an. Es kann im Extremfall auch in eine private und privative (d. h. eine sich der Gemeinschaft entziehende) Überzeugung bzw. in einen Wahn übergehen. Nach Christian Scharfetter sind es Einsamkeit und Entfremdung, die letztlich den Wahnkranken prägen.

Es ist also nicht das religiöse Erleben, das krankhaft ist. Kranke Züge trägt vielmehr das isolierende Festhalten an einem Auserwähltsein im konkreten Alltag und gegenüber anderen Mitmenschen.

Die helle und die dunkle Seite der Religion

Religiöse Wahninhalte sind heute bei psychisch Kranken eher selten geworden. Viel häufiger finden Verführungen durch religiöse und pseudoreligiöse Gruppierungen und Institutionen statt. Hier wird das menschliche Grundbedürfnis nach religiösem Erleben für andere Zwecke instrumentalisiert. Damit lässt sich viel Macht und viel Geld gewinnen. Schon ein kurzer Blick in die Kirchengeschichte zeigt das ganze Missbrauchspotential auf. Auch moderne Esoterik und Parapsychologie beuten nicht selten religiöse Bedürfnisse aus.

Trotzdem: Die Religionsgeschichte besteht nicht nur aus Intrigen, Kriegen und „Big Business“. Religion war und ist auch in einem tieferen Sinne eine gemeinschaftsbildende und gleichzeitig das Individuum stärkende Kraft, insofern sie Menschen Mut zur

Veränderung gibt, kreative Fähigkeiten freisetzt und Symbole schafft, die in der Lage sind, dem Erleben des Einzelnen einen überindividuellen Ausdruck zu verleihen. Nicht zuletzt berichten psychisch Kranke immer wieder von der Hilfe, die sie aus der Religion geschöpft haben.

Die psychiatrische Praxis tut deshalb gut daran, sich nicht auf eine rein biologische oder verhaltensorientierte Position zurückzuziehen, für die Religion kein Thema sein kann. Erst ihre Offenheit gegenüber Religiosität und für das Erleben „aus erster Hand“ sowie ihr Interesse am kulturell vermittelten symbolischen Gehalt dieses Erlebens erlaubt es, den einzelnen Menschen umfassender wahrzunehmen. Erst dann können sich sowohl religiöse Menschen wie auch säkularisierte Personen mit einem „religiösen Keim“ in der psychiatrischen Praxis unbehinderter entfalten.

Kapitel 2

Spirituelles Erbe und moderne Medizin

Körperorientierte und geistig-seelische Hilfe

Die naturwissenschaftlich orientierte Medizin versucht zu heilen, indem sie den stofflichen Körper mit materiellen Eingriffen verändert. Sie basiert auf physikalischen Gesetzmäßigkeiten und versteht Krankheiten als organische Veränderungen. Dieser Zugang zum Menschen und zu seinen Krankheiten ist heute vorherrschend, auch weil damit in einigen Gebieten größte Erfolge erzielt werden können.

Eine Alternative zu diesem Vorgehen ist zwar denkbar und wird in der Komplementärmedizin auch praktiziert. Doch wird sich ein Mensch mit einer schweren Verletzung oder akuten Erkrankung kaum der Komplementärmedizin anvertrauen, sondern in der Regel in der mechanistisch geprägten „Schulmedizin" seine Hilfe suchen. Anders sieht die Sache bei chronischen Krankheiten aus, bei denen der Erfolg der „Schulmedizin" nicht so eindeutig ist. Chronisch Kranke suchen häufig auch Hilfe bei alternativen Formen der Heilkunde, sei es bei naturheilkundlichen Verfahren, östlichen Praktiken oder bei der Homöopathie. Die alternative Medizin ist zwar auch körperorientiert. Sie lässt sich aber naturwissenschaftlich weniger erklären als die „Schulmedizin".

Jenseits dieser Aufteilung in Schul- und Komplementärmedizin wird in diesem Teil des Buches ein heilsamer Zugang zum Menschen diskutiert, der nicht körperorientiert ist, sondern auf einem seelisch-geistigen Verständnis des Menschen basiert. Dieser „spirituelle" Zugang spricht ganz andere Seiten im Menschen an als eine körperorientierte Therapie. Er hat andere Effekte und vermag die körperorientierte Therapie nicht zu ersetzen. Doch gilt auch das Umgekehrte: Körperorientierte Therapien bedürfen in bestimmten Fällen der Ergänzung durch geistig-seelische Hilfestellungen.

Bevor ich auf diesen geistig-seelischen Zugang zum Menschen näher eingehe, ist es mir wichtig, nochmals (wie in der Einführung) auf die grundlegende Differenz von Leib und Körper einerseits sowie von Seele und Geist andererseits aufmerksam zu machen.

Jede Zeit hat ihre eigenen Begriffe, die sie prägen. Im Mittelalter waren es: Gott und Mensch, in der Romantik: Leib und Seele. Heute sind es: Gehirn und Geist. Dieses Wortpaar beschäftigt die modernen Menschen, sei es bewusst im Zusammenhang mit der Hirnforschung, sei es unbewusst in der Alltagssprache.

Wer Hirn sagt, meint in der Regel auch geistige Prozesse. Wer Geist sagt, denkt oft auch an Hirnvorgänge. Hirn und Geist gehören zusammen, wenn im Einzelnen auch offen bleibt, wie dies geschieht. Ohne Geist gibt es keine Erkenntnis des Gehirns, ohne Gehirn keinen Geist.

Anders verhält es sich mit dem Wortpaar „Leib und Seele". Leib und Seele drücken ein Ganzes aus. Weder der Leib noch die Seele lässt sich in leblose Teile auftrennen. Sie sind nur subjektiv erfahrbar, nicht als Objekte analysierbar.

Leib und Seele sind Symbole des Lebendigen. Wer „leibt", lebt. Wer gestorben ist, hat das Seelische verloren und lässt einen toten Körper zurück.

Findet in einer Zeit das Seelische zu wenig Beachtung, gerät auch der Leib in Vergessenheit. Dann droht entweder eine Verdinglichung oder eine Vergeistigung des Menschen. Beides führt zur Entfremdung: Die Verdinglichung über den Verlust der Freiheit, die Vergeistigung über den Verlust der leibhaften Realität (etwa im Cybernet).

Es ist wohl kein Zufall, dass in einer Zeit, die durch die Leitbegriffe „Gehirn und Geist" charakterisierbar ist, Menschen einen Hunger nach leib-seelischen Erfahrungen entwickeln. Damit ist nicht die geläufige Ästhetisierung des Körpers gemeint, sondern das Bedürfnis, eine seelische Verankerung jenseits von materieller Dinghaftigkeit oder informeller Virtualität zu finden (vgl. dazu auch den Schluss dieses Buches).

Damit einher geht eine Sehnsucht nach Heilung im Sinne von Ganz-Sein. Dies ist etwas ganz anderes, als die Medizin als Wissenschaft zu leisten vermag. Die Medizin verspricht zwar auch Heilung. Doch hat ihr Heil den Charakter des Ganz-Seins verloren. Medizinische Heilung beschränkt sich auf das körperliche Gesundwerden. Das ist keine geringe Sache. Aber sie bietet nicht alles, was Menschen suchen und brauchen. In der Praxis erwarten leidtragende Menschen nicht nur verlässliches Expertentum, sondern auch einfühlsame Partnerschaft. Sie wollen nicht nur, dass ihr Körper optimal behandelt wird, sondern wünschen sich auch, dass sie als Personen in ihrem seelischen Erleben angenommen werden. Insofern hat auch der moderne Arzt in seiner praktischen Tätigkeit eine priester-ärztliche Funktion inne. Er wird als Arzt für viele Menschen selbst zum Heilmittel oder zur Droge und kann sich dem leib-seelischen Geschehen einer therapeutischen Beziehung nicht entziehen, selbst wenn er – entsprechend der rational-naturwissenschaftlichen Medizin – nur reparierender Fachmann sein will. Auch in einem säkularisierten Zeitalter kann die ärztliche Praxis den spirituell-religiösen Bezug zum Heil bzw. zum Heiligen nicht verleugnen.

Riskante Magie in der Medizin

Historisch hat sich die Medizin aus einer priester-ärztlichen Grundlage heraus entwickelt. Noch die hippokratische Schule der griechischen Bürgerärzte huldigte dem Heilgott Asklepios. Gefährlich ist nicht der Umstand, dass die Medizin vielschichtig ist und verschiedene Quellen hat: nämlich zunächst eine religiöse, dann eine empirische und schließlich eine rational-naturwissenschaftliche. Unheimlich wird es vielmehr, wenn dieser geschichtlich gewachsene Therapiebaum und damit die religiöse Urquelle verdrängt wird und rationale Methoden der Hightech-Medizin mit einem religiösen Heilanspruch eingesetzt und verwendet werden. Dann verknüpfen sich Wissenschaft und Glaube in riskanter Weise. Das Medikament wird zum Sakrament und der Arzt zum Zauberer. Statt dem Leib-Seelischen Raum zu geben, wird der Wunsch nach solchen Erlebensweisen instrumentalisiert und vermarktet. Die Seele wird zum Käuflichen. Sie ist nicht mehr das Erlebbare, das Unverfügbare oder Göttliche im Menschen, sondern ein Ding oder Trieb, der zufrieden gestellt werden soll.

In paralleler Weise wird Geistiges wie ein Produkt behandelt, das man kaufen kann – etwa wenn für Bücher, Schulen, aber auch für „geistfördernde“ Medikamente geworben wird. Unter Geist wird nicht mehr eine schöpferische Kraft verstanden – ein „Geist“, der weht, wo er will –, sondern immer häufiger bloß eine kognitive Fähigkeit oder ein mentaler Informationsprozess.

Eine beseelte Spiritualität lässt sich damit aber nicht ersetzen. Ganz sein heißt auch: Offen zu sein für das seelische Erleben in all seiner Bedingtheit und sich dem Unverfügbaren – in religiöser Sprache: auch Gott – nicht zu verschließen.

Eine beseelte Spiritualität geht über das Objektive und physikalisch Vermessbare hinaus. Sie ist aus der äußeren Sicht eines Beobachters – aus der sog. Perspektive der dritten Person – nicht erfassbar. Sie kann immer nur aus eigener Erfahrung heraus – aus der sog. Perspektive der ersten Person – geübt und erlebt werden. Spiritualität schließt aber Wissenschaft keineswegs aus. Im Gegenteil: Sie kann die rational-wissenschaftliche Dimension ergänzen. „Daher kann auch nicht von einer Position (sei es der Wissenschaft oder der Spiritualität) gegen die jeweils andere Position argumentiert werden. Nur gegen Grenzüberschreitungen des Erkenntnis- und Machtanspruchs ist anzugehen.“ (Ch. Scharfetter 2004).

Die Wirkung beseelter Spiritualität bei den Wüstenvätern

Persönlich haben mich die Berichte über das heilsame Wirken der Wüstenväter besonders angesprochen. Ich bin auf diese frühen christlichen Eremiten gestoßen, weil sie ein historisch bedeutsames Konzept zum Verständnis depressiver Verstimmungen entwickelt haben (Quellenangaben in Hell 2004 a).

Diese ersten christlichen Anachoreten im 4. bis 6. Jahrhundert nach Christus haben eine „christliche Spiritualität mit Leib und Seele" praktiziert. Sie pflegten keine virtuellen Gedankenspiele. Dazu war schon das Leben in der Wüste zu hart. Vielmehr mieden sie jede Art von Abhängigkeit, um ihr Leben auf einen überpersönlichen Zusammenhang hin auszurichten. Es ging ihnen darum, jeglicher Selbstentfremdung entgegenzuwirken und sich möglichst ganz zu erfahren. Ein solches Ideal hat viel mit Heilung zu tun, aber nicht im modernen Sinne der Symptombeseitigung oder der Verbesserung der Anpassungsfähigkeit, sondern im ursprünglichen Sinn von Heil-Sein als unversehrt, ganz oder gesund sein, so wie man heilfroh, d. h. ganz und gar froh ist.

In einer überlieferten Geschichte wird schön illustriert, was diese Eremiten anhielt, ohne Besitz, ohne Gesellschaft und ohne andere Abhängigkeit ganz auf das eigene Herz zu hören: Drei Freunde wurden Mönche. Einer von ihnen setzte sich zum Ziel, Streitenden zum Frieden zu verhelfen. Der Zweite entschloss sich, die Kranken zu besuchen. Der Dritte ging fort, um in der Einsamkeit die Stille zu gewinnen.

Der Erste nun gab sich große Mühe mit den Streitigkeiten der Menschen, aber er konnte nicht alles in Ordnung bringen. Schließlich gab er sich geschlagen, ging zu dem, der die Kranken pflegte und fand auch ihn am Ende seiner Kräfte, nicht imstande, sein Vorhaben zu vollenden. Da beschlossen die beiden, den aufzusuchen, der in die Wüste gegangen war. Sie erzählten ihm ihre Bedrängnisse und baten ihn, er möge ihnen doch mitteilen, was er selbst erreicht habe. Er bedachte sich ein wenig. Dann goss er Wasser in ein Gefäß und sagte zu ihnen: „Gebt auf das Wasser acht!" Dieses war unruhig. Kurze Zeit darauf sagte er wieder: „Achtet jetzt darauf, wie klar das Wasser geworden ist!" Und als sie in das Wasser schauten, erblickten sie ihre Gesichter wie in einem Spiegel. Da sprach er zu ihnen: „So geht es dem, der in ständiger Spannung lebt und sich immer ablenken lässt. Erst wenn er stille wird, besonders in der Einsamkeit, kommt er zu sich selber."

Die Grundhaltung der Wüstenväter und Wüstenmütter ist gekennzeichnet durch ihre persönliche Erfahrung des Eremitenlebens. Ihre wichtigste Frage ist nicht: „Stimmt meine Theorie, vertrete ich eine theoretisch begründete Wahrheit?" Sondern ihre Grundfrage lautet: „Wer bin ich eigentlich? Was wird mir an mir selber klar, wenn ich mich der Stille und äußeren Reizlosigkeit aussetze?" Konsequenterweise haben die Wüstenväter keine systematische Lehre entwickelt, um ihre Einsichten als allgemeine Maximen zu verbreiten. Von Abbas Poimen stammt sogar der provokative Satz: „Den Nächsten belehren ist das gleiche, wie ihn anklagen."

Individuelle Anregungen zur Selbstfindung

Es ging den Wüstenvätern also nicht um eine theoretische und generalisierbare Erkenntnis, die in einem rationalen System allgemein zugänglich gemacht werden kann. Vielmehr suchten sie der Individualität des einzelnen Menschen und seinen Erfahrungsmöglichkeiten gerecht zu werden.

Amma Synkletika, eine der seltenen Wüstenmütter, wird das Wort zugesprochen: „Es ist gefahrvoll, wenn einer lehren will, der nicht durch das tätige Leben hindurch gegangen ist. Wie wenn einer, der ein baufälliges Haus hat, Gäste aufnimmt und sie durch den Einsturz des Hauses beschädigt, so richten auch diejenigen, die sich nicht selbst zuerst auferbaut haben, jene zugrunde, die sich ihnen anschließen." Von Gabriel Bunge, der heute als Eremit im Tessin lebt und wohl der beste Kenner von Evagrius Ponticus (dem bedeutendsten Autor unter den Wüstenvätern) ist, stammt der Ausspruch: „Entkleidet man die auf den ersten Blick oft außergewöhnlichen Erfahrungen der Anachoreten und Mönche ihres lokalen und zeitgebundenen Kolorits, dann schält sich leicht ein Kern heraus, den jeder als ein ureigenes Erleben identifizieren kann."

In der Tat: Wir Menschen sind einander nicht nur durch Gemeinschaft und Gesellschaft verbunden. Vielleicht noch bindender ist das Empfinden, dass in jedem Menschen etwas ist, was nicht teilbar ist (auch gemeinschaftlich nicht geteilt werden kann). Es ist etwas Einzigartiges und Unantastbares.

Dies mag auch erklären, dass die Eremiten keineswegs gemeinschaftsfeindlich wirkten. Sie zogen im Gegenteil Menschen an, die aus dem Herrschaftsgebiet des untergehenden Rom in ihre Klausen und Höhlen strömten, um Zuspruch und therapeutische Hilfe zu erfahren. Die meisten wurden nicht enttäuscht, doch entsprach die erfahrene Hilfe keiner Befriedigung psychologischer Bedürfnisse. Vielmehr suchten die christlichen Eremiten die Hilfe Suchenden mit sich selbst zu konfrontieren, indem sie ihnen eine Aufgabe stellten oder sie mit einem Paradoxon konfrontierten. Manchmal erschien es den Abbas auch angezeigt, lieber zu schweigen als wortgläubige Fragesteller mit dem gewünschten Gut zu befriedigen.

Eine solche therapeutische Haltung widerspricht dem Machbarkeitsdenken im modernen Gesundheitswesen, das den leidenden Menschen als Kunden behandelt, der möglichst schnell und kostengünstig zufriedengestellt werden soll. Sie kommt aber einem Ansatz entgegen, welcher die Ressourcen eines Menschen ernst nimmt und auf innere Kraftquellen vertraut.

Das Eigentliche, das den Menschen ausmacht, ist schwer in Worte zu fassen. Aber es macht einen großen Unterschied, ob das Selbstverständnis eines Menschen von einer inneren seelischen Erfahrung ausgeht oder bloß auf äußeren Beobachtungen und sozialen Wertvorstellungen beruht.

Die mitleidlose Selbstbeobachtung in Abgeschiedenheit und Stille hat die Wüstenmönche davor bewahrt, das seelische Erleben selbst zu problematisieren. Vielmehr standen sie einer Auffassung nahe, welche die Seele als göttlichen Keim im Menschen versteht. Über das, was einem Menschen gut oder schlecht tut, entscheidet nach Auffassung der Wüstenmönche nicht allein die Ratio oder das logische Denken, sondern v. a. das seelische Erleben. Alles entscheidend ist, ob eine Botschaft für einen Menschen auch stimmig ist. Stimmig ist sie aber nach Auffassung der Wüstenväter dann, wenn sie beim Vernehmenden eine innere Ruhe auslöst. Bewirkt das, was gedacht oder vernommen worden ist, ein inneres Gehetztsein, so stimmt das Gehörte, Gelesene oder Gedachte für den Betroffenen nicht, auch wenn es noch so beeindruckend ist. Ein Spruch der Wüstenväter lautet: „Wo du siehst, dass deine Seele Ruhe hat und keinen Schaden erleidet, dort lass dich nieder."

Evagrius Ponticus empfiehlt in einem Brief an einen Rat Suchenden: „Sei ein Türhüter deines Herzens und lass keinen Gedanken ohne Befragung herein. Befrage einen jeden Gedanken (einzeln) und sprich zu ihm: ‚Bist du einer der Unseren oder einer unserer Gegner?' Und wenn er zum Hause gehört, wird er dich mit Frieden erfüllen. Wenn er aber des Feindes ist, wird er dich durch Zorn verwirren oder durch eine Begierde erregen."

Das Gütekriterium liegt also nicht im Gedanken selbst, sondern in der Wirkung, die der Gedanke oder das Wort auf einen Menschen hat. Letztes Kriterium ist die Herzensruhe. Damit ist eine innere Zufriedenheit und Gewissheit gemeint, die den Menschen erfüllt.

Jede Person hat für sich selbst zu prüfen, was für sie gut ist. Deshalb halten sich die Wüstenväter mit allgemeinen Ratschlägen zurück. Sie weigern sich auch zu entscheiden, welcher Weg für einen Rat suchenden Menschen richtig ist.

So zählt Abbas Nisterios einem ihn mit Fragen bedrängenden Besucher viele Werke auf, die er tun könnte. Aber er wählt für den Fragenden kein bestimmtes Tun aus, sondern stellt ihm eine Aufgabe, damit er selbst erkennen kann, was für ihn gut ist: „Wovon du siehst, dass es deine Seele im Einklang mit Gott will, das tue, und du wirst dein Herz bewahren!"

Lebenspraktische Hilfe bei depressiven Verstimmungen

Die Wüstenväter blieben von Anfechtungen nicht verschont. Nicht wenige litten unter depressiven Verstimmungen. Entsprechend ihrer Grundhaltung versuchten sie mit der depressiven Verstimmung, die sie spirituelle Trägheit, Akedia, nannten, zurechtzukommen, indem sie sie als Herausforderung annahmen. In der Auseinandersetzung mit der depressiven Herausforderung entwickelten sie Einsichten, welche die moderne Psychotherapie erst gerade wieder neu entdeckt. So empfahl Evagrius, negativen Gedanken positive Gedanken entgegenzustellen. Wie die heutige kognitive Psychotherapie gingen bereits die Wüstenmönche davon aus, dass Gedanken und Vorstellungen das Gemüt beeinflussen und zu einer depressiven Verstimmung beitragen können. Deshalb versuchten sie, belastende Gedanken und Vorstellungen durch andere Gedanken zu relativieren.

Auch erfuhren sie, dass Tränen ein Antidot gegen die depressive Leere darstellen. Weil die depressive Verstimmung Gefühle wegschließt und einen Menschen in die Gefühlsleere stößt, kann es für depressive Menschen wichtig sein, die verbliebenen Gefühle, insbesondere die Traurigkeit, als Zeichen des Lebens anzunehmen. Tränen sind rein. Sie stellen im Zustand des Selbstekels, der Akedia, einen Hort des reinen Erlebens dar.

Die Selbstbeobachtung führte die Wüstenväter auch zu der Einsicht, dass die Aufrechterhaltung eines regelmäßigen Lebensrhythmus vor Depressionen schützt oder diese eingrenzt. Neue psychiatrische Befunde belegen, dass im depressiven Zustand der Lebensrhythmus bzw. die circadianen Rhythmen durcheinander geraten sind und es hilfreich und antidepressiv wirksam ist, wenn der Tagesablauf wieder möglichst mit der inneren Uhr übereinstimmt.

Für die Wüstenväter war es auch hilfreich, im Zustand der depressiven Trägheit an den bevorstehenden Tod zu denken. Auch diese Empfehlung ist neuerdings von Psychotherapeuten der sog. Existenztherapie wiederentdeckt worden. „Der physische Tod zerstört den Menschen, aber die Idee des Todes kann Menschen retten", berichtet z. B. Irvin Yalom. Dieser bekannte Therapeut und Buchautor hat Krebskranke in Therapiestunden wiederholt sagen hören: „Wie schade, dass ich so lange auf Weisheit warten musste, bis mein Körper von Krebs zerfressen war." Das Wissen um den bevorstehenden Tod hat sie dazu gebracht, Triviales vom Bedeutsamen im Leben zu unterscheiden.

Die Wüstenmönche haben sich auf ihr Leben konzentriert. Sie haben den Gedanken an den Tod genutzt, um sich ihres erfahrbaren Lebens besonders bewusst zu werden. Das Bewusstsein um den bevorstehenden Tod war ihnen Anlass, Wichtiges von Unwichtigem zu unterscheiden und sich Moment für Moment dem ihnen Wichtigen zuzuwenden. Es scheint mir gerade diese innere Haltung zu sein, welche die Wüstenväter in unserer spätmodernen Zeit, die an einem Wendepunkt steht, so anregend und herausfordernd macht.

Heute läuft der seelisch-geistige Zugang Gefahr, von der materialistischen Perspektive verdrängt zu werden. Das trifft auch auf die moderne akademische Psychologie und Psychiatrie zu. Werden aber nicht beide Zugänge benutzt – also die wissenschaftliche Beobachtung von außen und das seelisch-geistige

Erspüren von innen –, verkümmert der Mensch und stellt sich schließlich selbst in Frage.

Ein Väterspruch lautet: „Solltest du sehen, dass ein junger Mensch sich aus freiem Willen zum Himmel emporschwingt, dann pack ihn beim Fuß und hole ihn auf die Erde zurück; denn es tut ihm gewiss nicht gut." In gleicher Weise lässt sich wohl sagen: Wenn wir die Welt nur aus der Perspektive von außen, von nirgendwoher betrachten, und uns über uns selbst erheben, geht das verloren, was wir sind.

Das leib-seelische Erleben ist die Basis unseres Lebensweges. Es hält uns vom Abheben zurück. Aber es verankert uns auch und ermöglicht uns die Erfahrung, als je eigenes Individuum geschaffen zu sein. Es ist die Grundlage einer beseelten Spiritualität, die heute so wichtig ist wie zur Zeit der Wüstenväter. Auf dieser Basis soll im nächsten Kapitel versucht werden, eine Verbindung zwischen spiritueller Achtsamkeit und der Bewältigung moderner Krisen herzustellen.

Kapitel 3

Die Bedeutung der Achtsamkeit für die Bewältigung von Krisen

Die ersten christlichen Mönche, von denen im vorausgehenden Kapitel die Rede war, haben einsame Wüstengegenden aufgesucht, um in ihrem inneren Erleben von äußeren Reizen möglichst wenig abgelenkt zu werden. Sie haben die innere Ruhe angestrebt, um sich ganz dem Umfassenden, Gott, öffnen zu können. Dabei haben sie Kontemplationsmethoden angewandt, die auch unter Mönchsbewegungen anderer Kulturen verbreitet sind. In der heutigen Zeit sind solche Praktiken vor allem durch in Europa und USA lebende buddhistische Mönche wie Thich Nhat Hanh breiteren Bevölkerungskreisen bekannt gemacht worden. Am verbreitetsten ist die Übung der sog. „Achtsamkeit“. Darüber schreibt der Benediktinermönch Anselm Grün (1997):

„Wer achtsam auf seinen Atem achtet, wer achtsam seine Schritte lenkt, wer achtsam den Löffel in die Hand nimmt, wer ganz bei dem ist, was er gerade tut, der wacht auf … Ein Zen-Mönch wurde einmal gefragt, was er denn für eine Meditationspraxis habe. Er antwortete: ‚Wenn ich esse, dann esse ich. Wenn ich sitze, dann sitze ich. Wenn ich stehe, dann stehe ich. Wenn ich gehe, dann gehe ich.‘ Da meinte der Frager: ‚Das ist doch nichts Besonderes. Das tun wir doch alle.‘ Da sagte der Mönch: ‚Nein, wenn du sitzest, dann stehst du schon. Und wenn du stehst, dann bist du schon auf dem Weg.‘

Darin besteht die Übung der Meditation, einfach auf das zu achten, was ich gerade tue. Dann merke ich, wie die Achtsamkeit eine spirituelle Kraft ist, die meinem Leben eine neue Würze gibt. Da habe ich das Gefühl, dass ich selber lebe, anstatt gelebt zu werden. Und ich spüre, dass das Leben ein Geheimnis ist, voller Tiefe, voller Lebendigkeit, voller Freude.“

Aus dieser Beschreibung wird deutlich, dass Achtsamkeit nicht etwas rein Geistiges ist. Sie geschieht mit Kopf und Herz. Sie ist ein sensibles Spüren mit dem ganzen Leib. Das Achtsamsein hebt den Menschen nicht von sich und seiner Umwelt ab, sondern führt ihn zurück in eine tiefe Verbundenheit mit dem Umfassenderen, von dem er ein Teil ist.

Das Geschenk des Innewerdens

Diese Verbundenheit mit der Mit- und Umwelt zeigt sich exemplarisch im Atmen. Wer achtsam ein- und ausatmet, realisiert seine Verbundenheit mit der übrigen Welt. Beim Einatmen wird Luft aus der Außenwelt aufgenommen, beim Ausatmen in transformierter Weise wieder abgegeben. Im Auf und Ab der Atembewegungen lässt sich spüren, wie der Atem den Leib durchdringt, wie Innen und Außen zusammenfinden. Obwohl es sich dabei um ein völlig natürliches Erleben handelt, ist es nicht einfach, die Erfahrung dieses Eingebundenseins in ein größeres Ganzes in Worte zu fassen. Was hier erlebt wird, geschieht zunächst sprachlos, vor jeglichem Denken und vor jeder Überlegung. Deshalb kann es hilfreich sein, von einem „Innewerden" zu sprechen. Wer inne wird, nimmt (noch) nicht die Position eines Beobachters ein, sondern öffnet sein Inneres dem Äußeren. Innewerden ist ein befreiender Vorgang. Er löst das Ich aus seiner Abkapselung. Er schließt weder andere Erkenntniswege aus, noch grenzt er sich unnötig von bisher Unbekanntem und Fremdem ab. Er schenkt ein basales Gefühl der Ehrfurcht vor der Wirklichkeit und dem Leben.

Ein solches Innewerden kann nicht erzwungen werden – auch mit dem stärksten Willen nicht. Wer innewird, reißt Dinge und Menschen nicht zu sich heran. Auch schneidet er die Welt nicht in Scheiben, um sie mit der Schärfe des Verstandes zu analysieren. Wer innewird, hegt keine Absichten. Er erfährt vielmehr staunend, was geschieht.

Achtsames Innewerden kann erleichtert werden, wenn sich ein Mensch dem Nächstliegenden zuwendet, eben z. B. dem eigenen Atem, aber auch dem eigenen Gehen, Stehen oder Sitzen, überhaupt jeglichem leiblichen Tun. Hilfreich ist eine Umgebung, die Ruhe und Geborgenheit ausstrahlt. Nicht umsonst haben östliche und westliche Mönchsbewegungen die Stille gesucht und Gotteshäuser oder Tempel gebaut, um im Schweigen des alles Umfassenden – des Reiches Gottes oder Brahman – innezuwerden. Im hektischen Alltag der Moderne kann ein bewusster Rückzug in eine stille Ecke oder das Aufsuchen unzerstörter Naturregionen eine Hilfe sein.

Henry David Thoreau hat in seiner kleinen Schrift „Vom Spazieren" den Streifzug durch die Natur als Lebensmodell beschrieben und dabei ein unprätentiöses Plädoyer für das Innewerden verfasst: „Ich gehe hinaus in eine Natur, in der sich schon die alten Dichter und Propheten Manu, Moses, Homer und Chaucer bewegten. Man mag sie Amerika nennen [wo Thoreau lebte], doch ist sie nicht Amerika: Weder Amerigo Vespucci noch Christoph Kolumbus oder irgend ein anderer haben sie entdeckt. In der Mythologie wird sie wahrheitsgemäßer beschrieben als in jedem Werk über die sogenannte amerikanische Geschichte, das mir zu Augen gekommen ist."

Wer in die Natur eintaucht oder sich dem Augenblick anvertraut, erfährt eine andere Welt, die sich vom besitzergreifenden Blick des Alltags-Ich unterscheidet. Er wird einer Welt inne, die weder Leistung noch Verdienst kennt. Er spürt, dass das, was ihm geschieht, nicht einfach in seinen Händen liegt. Achtsames Innewerden ist auch Geschenk. Dieses Geschenk anzunehmen, es zuzulassen, ist ebenso wichtig wie das vorbereitende Tun.

Wie eingangs von Anselm Grün betont, ist ein solches achtsames Innewerden eine wichtige Grundlage spiritueller und religiöser Entwicklung. Achtsamkeit ist aber auch eine Lebenshilfe allgemeiner Art, die dem Leben Tiefe und Sinnhaftigkeit geben kann. Wer sich seiner leiblichen Empfindungen, seiner Gefühle und des Stromes seiner Gedanken bewusst ist, erfährt eine Verankerung in sich selbst, die auch mit bester Unterhaltung oder feinster Geselligkeit nicht zu erreichen ist.

Wer hindert Menschen, achtsam zu sein?

Nun haben aber nicht wenige Menschen Mühe, sich selbst zu spüren und auf ihr Inneres zu achten. Sie fürchten, von ihren Empfindungen und Gefühlen überrannt und entmächtigt zu werden, wenn sie sich ihrem Inneren öffnen.

Viele Menschen sind in ihrem Leben so verletzt worden, dass sie befürchten, mühsam verheilte leib-seelische Wunden wieder aufzureißen, wenn sie ihren Gefühlen und Empfindungen Raum geben. Andere haben in ihrer Kindheit gelernt, aufkommende Gefühle möglichst zu kontrollieren und nur ihrem Verstand zu vertrauen. Wieder andere wurden stark leistungsorientiert erzogen. Sie verstehen ihren Körper als eine Art Diener, der ihnen dazu verhelfen soll, den angestrebten Erfolg zu erzielen. Schließlich ist eine wachsende Zahl von Menschen vom naturwissenschaftlichen Verständnis des Menschen geprägt. Sie schätzen ihren Körper als komplexen Organismus ein, der bestimmte Funktionen zu erfüllen hat. Ihre Sorge gilt hauptsächlich der körperlichen Gesundheit und weniger dem seelischen Wohl, sodass sie auch ihre Aufmerksamkeit eher den stofflichen Aspekten ihres Körpers als dem eigenen Spüren und Fühlen zuwenden.

In meiner Klinik stehen viele Patientinnen und Patienten in Behandlung, die in der einen oder anderen geschilderten Weise daran gehindert sind, ihre Gefühle und Empfindungen offen wahrzunehmen und in ihrem Leib zu Hause zu sein. Sie leiden zusätzlich unter körperlichen Störungen, schwer wiegenden Konflikten oder belastenden Lebensbedingungen, die ihre leibseelischen Schwierigkeiten akzentuieren. Dabei stehen die psychologischen und psychosozialen Probleme meist so stark im Vordergrund, dass die leib-seelische Selbstentfremdung zunächst kein Thema ist. Sie tritt erst in längeren Gesprächstherapien zutage, nachdem die akuteste Not gelindert ist. Beispielhaft findet sich die Schwierigkeit, sich selbst zu spüren, bei Menschen, die an Depressionen leiden. Die Selbstentfremdung kann durch die akute depressive Verstimmung bis ins Extrem gesteigert werden, ist aber in leichterem Maße als Grundzug bei vielen depressiven Menschen noch nachweisbar, wenn die Depression abgeklungen ist. Darauf wird im zweiten Teil dieses Kapitels ausführlicher zurückzukommen sein.

Die Tendenz zur leib-seelischen Selbstentfremdung charakterisiert aber auch viele weitere psychische Störungen. Gerade jene Krankheitsbilder, die in den letzten Jahrzehnten neu oder besonders häufig aufgetreten und für die Spätmoderne typisch sind, sind durch solche Identitätsprobleme charakterisiert, etwa Essstörungen, insbesondere die Magersucht, sogenannte Borderline-Persönlichkeitsstörungen, aber auch viele Angststörungen und Suchterkrankungen.

Wenn es schwer fällt, Gefühle auszudrücken

Nach repräsentativen Untersuchungen leiden 20 Prozent der Patientinnen und Patienten, die einen Allgemeinarzt aufsuchen, an Alexithymie. Darunter wird eine Störung verstanden, die Menschen behindert, ihre Gefühle auszudrücken. Ihr Einfühlungsvermögen und die Fähigkeit, intimere zwischenmenschliche Beziehungen aufrechtzuerhalten, ist eingeschränkt. Die betroffenen Menschen haben Mühe, das, was sie beschäftigt, sprachlich oder in symbolischer Art auszudrücken. Stattdessen zeigen sie das, was sie umtreibt, in körperlichen Symptomen an, etwa in Klagen über Kopfweh oder einen Druck im Bauch. Viele fürchten sich vor eigenen Gefühlen und versuchen diese abzublocken. Konsequenterweise haben sie oft eine steife Mimik oder Haltung. Ihre Schwierigkeiten, eigene Gefühle zu erkennen, behindert sie auch darin, ihre Emotionen als leibliche Botschaften zu verstehen, als Signale, die ihnen Auskunft über andere Menschen oder über eigene Konflikte geben. Was der Leib ihnen über vegetative Empfindungen mitteilt (wie ein Kribbeln in den Armen als Zeichen der Aufregung oder ein Druckgefühl über der Brust als Zeichen der Anspannung), missverstehen sie als körperliche Störungen, die einer medizinischen Behandlung bedürfen. Weil sie wenig auf ihr Inneres hören, neigen sie zur Überanpassung an äußere Umstände. Sie bleiben vermehrt an Äußerlichkeiten hängen und tendieren zu detaillierter Schilderung alltäglicher Beobachtungen.

Leider laufen diese Menschen auch in medizinischen Institutionen Gefahr, in ihrer Not nicht verstanden zu werden. Für ihre körperlichen Beschwerden kann meist keine organische Ursache gefunden werden. Wenn die Betroffenen depressiv sind, kommt die herabgestimmte Gemütslage nicht zur Sprache und wird häufig verkannt.

Menschen mit Alexithymie sind häufig benachteiligt. Sie vermögen ihre Not nicht in Worte zu fassen und einen persönlichen Umgang mit ihr zu finden. Sie haben nicht zur Verfügung, was J. W. Goethe bis zur Vollendung besaß: „Und wenn der Mensch in seiner Qual verstummt, gab mir ein Gott zu sagen, wie ich leide."

Alexithymie ist keine eigentliche Erkrankung, sondern ein Charaktertrend oder eine Persönlichkeitsvariante. Alexithymie geht aber sehr häufig mit spezifischen psychischen Störungen einher. Auch darin zeigt sich die außerordentliche Bedeutung der Fähigkeit, eigene Gefühle und Empfindungen differenziert wahrnehmen zu können und für die Lebensgestaltung zu nutzen. Wo die leiblichen Empfindungen und Gefühle als sensible Empfangsstellen, als Sensoren, ausfallen, fehlt dem Menschen eine wichtige Orientierungshilfe. Es mangelt ihm aber auch an Lebensfülle, nämlich an vielschichtigen Wahrnehmungen und am Reichtum zwischenmenschlichen Gefühlsaustausches.

Wie schmerzlich ein solcher Verlust ist, zeigt sich exemplarisch an der depressiven Erkrankung.

Ein Beispiel missverstandenen leib-seelischen Erlebens

Rolf R. ist 21 Jahre alt, wirkt aber deutlich jünger. Er besucht seit einigen Semestern eine Kunstakademie. Zuvor hatte er, ohne sich anstrengen zu müssen, das Gymnasium absolviert. Er ist mathematisch hoch begabt, möchte aber bildender Künstler werden. In der Akademie ist er oft alleine und auf sich gestellt. Er wohnt noch bei seinen Eltern und wird von beiden, insbesondere aber von der Mutter, stark behütet.

Schon seit seinem 16. Lebensjahr leidet er zeitweise an Magenschmerzen. Verschiedene medizinische Abklärungen haben keinen organischen Befund ergeben. Daraufhin hat er auf Rat eines Arztes das autogene Training erlernt und dadurch etwas Linderung erfahren. Dennoch konnte sich Rolf R. seine Schmerzen weiterhin nicht erklären. Sie scheinen zufällig aufzutreten, ohne einen Zusammenhang mit der jeweiligen Lebenssituation.

Scheinbar ohne Anlass verschließt sich der 21-jährige Rolf R. immer mehr und verstummt schließlich auch seinen Eltern gegenüber. Kein Zureden hilft. Schließlich wird er durch seinen Hausarzt in die psychiatrische Klinik eingewiesen. Die Eltern sind in Sorge, dass er an einer Hirnerkrankung leidet und drängen auf eine genaue neurologische Abklärung. Die daraufhin eingeleitete Magnetresonanz-Tomographie des Kopfes muss jedoch abgebrochen werden, weil Rolf R. in einen panischen Zustand gerät. Beim Rücktransport in die psychiatrische Klinik will Rolf R. aus dem fahrenden Auto springen. Ähnliche Erregungszustände treten auch bei Ausflügen aus der Klinik in öffentlichen Verkehrsmitteln auf. Sie können von Rolf R. im Nachhinein jeweils minutiös dargestellt werden. Doch vermag er sich nicht zu erklären, was ihn zu diesem auffälligen Handeln veranlasst hat. So verneint er etwa, sich vor etwas zu fürchten. Auch lassen sich keine Verfolgungsideen oder befehlende Stimmen nachweisen. Alle körperlichen Untersuchungen ergeben unauffällige Ergebnisse.

In der Klinik fällt auf, dass Rolf R. immer wieder den Schutz und die Hilfe des Pflegepersonals sucht, ohne sich über sein Motiv äußern zu können. Manchmal klagt er über Magenschmerzen, manchmal bricht er in ein tränenloses Schluchzen aus. Die Magenschmerzen treten besonders stark auf, wenn er die Klinik verlässt und sein elterliches Zuhause aufsucht. Obwohl Rolf R. diese zeitlichen Zusammenhänge klar erkennt, kann er sich darauf keinen Reim machen. Vielmehr hofft er auf medizinische Hilfe, die ihm diese körperlichen Beschwerden beseitigen soll. Es braucht einige Zeit, bis er im ärztlichen Gespräch eine Verbindung herstellen kann zwischen dem schmerzhaften Druck im Bauch und ähnlichen unangenehmen Empfindungen zu früheren Prüfungszeiten. Schließlich setzt er den „Druck im Sonnengeflecht" mit dem Lampenfieber gleich, das er von Theaterauftritten her kennt. Nach und nach wird deutlich, dass das vermehrte Auftreten von ängstlicher Anspannung im Zusammenhang mit einer in den letzten Wochen aufgetretenen depressiven Erschöpfung steht.

Die zeitweise Verkennung der Situation durch den Patienten hat mit einer Art „Sehschwäche" für das Seelische zu tun. Auch fehlt Rolf R. das Vokabular, um die depressive Veränderung seiner Affekte zu erkennen und darzulegen. Es spielt sich für ihn etwas im Körper ab, was er nicht fassen kann. Auch die panische Angst, die ihn z. B. in privaten und öffentlichen Verkehrsmitteln oder in der Untersuchung im Tomographen ergriffen hat, erscheint ihm wie etwas Fremdes, das ihn von außen zudeckt. Deshalb die erregten Fluchtversuche.

Mit Abklingen der Depression nimmt auch seine ängstliche Anspannung wieder ab. Die Attacken von „Lampenfieber" gehen auf ein erträgliches Maß zurück. In gelockerter Verfassung kann seine Lebenssituation besser eruiert und verstanden werden.

Als Einzelkind eines jüdischen Akademikerpaares, deren Vorfahren Opfer der Shoa geworden sind, wuchs Rolf R. in wohlhabenden und geordneten Verhältnissen auf. Die Eltern achteten darauf, ihn möglichst vor Belastungen zu schützen. Sie suchten ihn auch frei von religiösen Bekenntnissen zu erziehen. Vorrang hatten sachliche und wissenschaftliche Erklärungen der Welt. Gefühle wurden auch am Familientisch von den Eltern kaum geäußert. Das von den Eltern insgeheim als bedrohlich erfahrene Leben sollte möglichst rational gemeistert werden. Geselligkeit spielte eine untergeordnete Rolle. Leistung und gesellschaftliche Wertschätzung standen im Vordergrund.

In dieser Atmosphäre entwickelte sich Rolf R. zu einem klaren und genauen Denker. Er löste früh komplexe mathematische Probleme und wurde zu einem hervorragenden Schachspieler. Seine Emotionalität aber konnte nur wenig reifen. Vielleicht aus einem intuitiven Spüren dieses emotionalen Mangels heraus erstrebte Rolf R. eine künstlerische Laufbahn. Sein Versuch, über den künstlerischen Ausdruck eine affektive Kompensation zu finden, überforderte ihn aber schnell und führte zu einer tiefen Enttäuschung. Er isolierte sich zunehmend und entwickelte schließlich eine schwere, aber verkannte Depression.

Nachdem die Depression mit therapeutischer Hilfe abgeklungen ist, steht Rolf R. vor der großen Herausforderung, sich seiner Lebenssituation erneut zu stellen. Soll er versuchen, die Depression als „Betriebsstörung" seines Gehirns einzuschätzen und mit medikamentöser Hilfe den eingeschlagenen Lebensweg fortzusetzen? Oder soll er einen anderen Weg einschlagen, auf die Gefahr hin, auf Unbekanntes und Schmerzhaftes zu stoßen und narzisstische Verletzungen auf sich zu nehmen? Rolf R.

wählt einen Mittelweg. Er entscheidet sich für eine intensive Psychotherapie, begleitet von einer psychiatrischen Therapie mit Medikamenten, ohne an seiner Lebenssituation zunächst viel zu ändern. Damit wahrt er die Chance, schrittweise und geduldig die Achtsamkeit für sein inneres Erleben zu fördern, ohne heroisch alles auf eine Karte zu setzen und an Klippen zu stoßen, an denen er wohl noch scheitern müsste.

Im Falle von Rolf R. hat die depressive Krise eine emotionale Unreife und ein unscharfes Wahrnehmen seiner Gefühle bloßgelegt. Die depressive Verstimmung kann in diesem Falle als Hinweis darauf verstanden werden, dass eine Art Seelenblindheit besteht. Sie kann als Aufforderung interpretiert werden, sich der unbekannten Welt der Emotionen vermehrt zuzuwenden.

Ins Dunkle gestoßen: die depressive Blockade

Die Depression macht aber nicht auf etwas aufmerksam, indem sie einen Umstand besonders sichtbar macht. Während eine Linse die Lichtstrahlen sammelt und auf einen Brennpunkt hin konzentriert, passiert in der Depression genau das Gegenteil. Die depressive Verstimmung löscht das Licht, das noch vorhanden ist, aus und stößt einen Menschen ins Dunkle. Es ist die Dunkelheit, die zum Suchen veranlasst. Wem die gewohnte Sichtweise verwehrt wird und wer aus dem alltäglichen Trott ins Stolpern kommt, hat auf andere als die ihm üblicherweise zur Verfügung stehenden Sinne zu vertrauen.

Die Depression ist ein Dunkel, das hilflos macht. Sie ist für die meisten Menschen unerträglich, weil sie die gewohnte Meisterung des Alltags einschränkt oder verunmöglicht. Sie setzt die Fähigkeiten herab, die uns das gewohnte Leben erleichtern, nämlich Entscheidungswillen, Antrieb, Interesse, Lebensfreude, gemüthaftes Miterleben, erholsamen Schlaf und guten Appetit.

Die Depression zeichnet sich weniger dadurch aus, dass etwas

Neues hinzukommt, etwa Angst und Traurigkeit, wie viele Menschen fälschlicherweise annehmen, sondern dadurch, dass etwas, das das Leben wie selbstverständlich ausmacht, wegfällt. Depressive Menschen stellen oft erschrocken fest, dass sie nicht mehr wie früher wahrnehmen, empfinden und denken können.

Während die moderne psychiatrische Diagnostik die Depression in einzelne Symptome aufzulösen sucht, greifen depressive Menschen oft zu ganzheitlichen Bildern, um ihr verändertes Erleben im Gegensatz zum sonstigen Leben darzustellen. Die Depression wird beschrieben als eine Art „aufgezwungenes Wüstenerlebnis" (mitten unter Menschen), eine Form von „dunkler Nacht" (trotz hellem Tageslicht), als „Eingefroren-Sein" (umgeben von Wärme) oder als Ausdruck „seelischer Lähmung" (ohne körperliche Lähmungserscheinungen). Diese Bilder umfassen Raum und Zeit. Sie zeugen davon, dass in einer schweren Depression nichts mehr ist, wie es vorher war. Doch kann das Neue nicht positiv gefasst werden. Deshalb hat der Wiener Psychiater Hans Lenz von der „Krankheit der Losigkeit" gesprochen. Depressive Menschen erfahren sich als interesse- und konzentrationslos, als schlaf- und appetitlos, als kraft- und gefühllos.

Das Erleben der „Losigkeit" führt dazu, dass es äußerst schwierig wird, zu sich selbst zu stehen. Auch tritt Entscheidungsunfähigkeit auf. In schweren Depressionsfällen kann das Denken zudem verlangsamt und eingeengt sein. Erinnerungen können nicht mehr wie gewohnt abgerufen werden.

Ich habe in meinem Buch „Welchen Sinn macht Depression?" das Angehaltenwerden in der Depression mit einem widerständigen und Reibung verursachenden Bremsmanöver verglichen: „Die Bremse ist angezogen." Der bekannte Schweizer Filmemacher Rolf Lyssy beschreibt die Folgen dieser Ausbremsung in seinem autobiographischen Bericht „Swiss Paradise" in eindrücklichen Worten:

„Die Tage waren nach wie vor von Lustlosigkeit, Antriebslosigkeit und Entscheidungsunfähigkeit geprägt. Die einzigen erträglichen Augenblicke erlebte ich jeweils kurz vor dem Einschlafen, wenn die Medikamente zu wirken begannen. In den letzten wachen Minuten zu wissen, dass die ewig kreisenden, quälenden, zermürbenden Grübeleien für die nächsten Stunden aufhören würden, tat gut ... Aber dann kam der Morgen und mit ihm ein neuer Tag ... Ich kämpfte gleichzeitig gegen das Nicht-Aufstehen-Wollen wie gegen das Nicht-Aufstehen-Können an. Aufstehen bedeutete nichts anderes, als sich erneut einem völlig sinnlosen Tag auszuliefern. Diese Folter endete erst, wenn der Körper, bzw. die volle Blase rebellierte und der Gang zur Toilette der Quälerei im Bett ein Ende setzte.

... Beim Telefonieren erging es mir nicht besser ... Das Lächerlichste auf der Welt: Hörer abheben, Nummer wählen, warten, bis sich am anderen Ende der Leitung eine Stimme meldet. Es ging nicht. Es ging einfach nicht. Und das zu realisieren, war die reinste seelische Folter!“

Wie von Rolf Lyssy drastisch dargestellt, verliert der depressiv erkrankte Mensch die Fähigkeit, von einem sicheren Platz aus das Leben in Angriff zu nehmen. Sein Tun ist blockiert, seine Entscheidungsfähigkeit gehemmt. Diese Unfähigkeit, sich auf ein Ziel hin in Bewegung zu setzen, gleichsam „sich selbst zu starten“, hängt mit dem Verlust einer gemüthaften Verankerung im Leben zusammen. Die emotionale Entleerung macht es fast unmöglich, einen eigenen Standpunkt zu vertreten und dem eigenen Handeln einen Sinn zu geben. Angesichts der inneren Leere bekommt das Äußere – und damit auch das Faktische und Vergangene – ein Übergewicht. Insbesondere Menschen, die schon immer gewissenhaft oder leistungsorientiert waren, fühlen sich nun als Versager.

Die Auflösung der gemüthaften Verwurzelung in depressivem Zustand erklärt auch die Einschätzung vieler Betroffener, hilflos zu sein. Hilflosigkeit und Abhängigkeit wurden zunächst von psychoanalytischer Seite als zentrale Elemente der Depression herausgearbeitet und später von verhaltenstherapeutischer Seite – als „gelernte Hilfloskeit“ – zur Erklärung depressiver Zustände herangezogen. Depressive Hilflosigkeit ist aber mehr als eine gedankliche Grübelei oder ein sozial inkompetentes Verhalten. Depressive Hilflosigkeit spiegelt einen Verlust der Selbstkompetenz wider, der durch die Herabgestimmtheit der leiblichen Erlebensbasis mitbegründet ist. Depressive Menschen erfahren sich als entwurzelt, in die Tiefe fallend, ohne Grund, weil sie sich nicht mehr im gewohnten Maße zu spüren vermögen.

Der Verlust der inneren Sicherheit hat auch damit zu tun, dass die Gefühle an Prägnanz verlieren: Traurigkeit wird zum konturlosen Kummer, Ekel zum fahlen Überdruss, Wut zum formlosen Missfallen, Angst zu unscharfer Bangigkeit. Scham wird als Beschämung, Schuld als Beschuldigung erfahren. Nur Freud- und Interesselosigkeit bleiben unverstellt. Indem die innere Gefühlslage herabgestimmt und eingeebnet wird, fehlt das sichere Gespür.

Es ist unnötig zu betonen, dass die depressive Veränderung auch die Achtsamkeit erschwert. Nicht von ungefähr haben die ersten christlichen Mönche, denen in der Einsamkeit der Wüste besonders in der Mittagszeit unter der brütenden Sonne die ruhelose Trägheit der „Akedia“ nicht unbekannt blieb, die depressive Verstimmung als besonders großes Hindernis auf ihrem Lebensweg empfunden. Sie sind aber nicht dabei stehen geblieben, die Akedia als Versuchung zu sehen und abzulehnen. Manche haben sie auch als besondere Herausforderung angenommen. So schrieb Evagrius Ponticus, der Gelehrte unter den Wüstenvätern: „Nimm einfach an, was die Versuchung über dich bringt. Vor allem sieh dieser Versuchung der Akedia ins Auge, denn sie ist die schlimmste von allen, sie hat aber auch die größte Reinigung der Seele zur Folge. Vor solchen Konflikten zu fliehen oder sie zu scheuen, macht den Geist ungeschickt, feige und furchtsam“ (vgl. Hell 2004 a).

Die Depression fordert die Achtsamkeit heraus

Das Aufregende – neben dem Provokativen – an diesen Sätzen ist der Umstand, dass sie zum genauen Hinsehen auffordern. Dem depressiven Leiden wird nicht der Stachel genommen. Es wird sogar als schlimmste, das heißt auch bitterste Erfahrung bezeichnet. Aber der depressive Schmerz wird nicht besser, wenn man von ihm abzusehen versucht. Evagrius Ponticus und andere depressive Menschen haben die Erfahrung gemacht, dass die depressive Leere noch an Macht gewinnt, wenn man sie sich nicht eingesteht. Deshalb soll sie nicht unbeachtet bleiben. Gerade das Verschwimmen und Leerwerden des depressiven Gemüts soll achtsam erkannt werden. „Wenn eine Erscheinung geschieht, so falle nicht nieder in Feigheit, sondern frage zuerst mutig, von welcher Art sie auch sei: Wer bist du und woher kommst du?" Gerade das Erkennen dessen, was geschieht, kann einem Menschen, der von depressiver Leere bedroht ist, einen Rest von Halt geben. Statt zu grübeln, wie dieser Zustand hätte vermieden werden können, erwies es sich für die Wüstenväter – wie für manche späteren Nachfolger – als hilfreich, der bitteren Herausforderung ins Auge zu schauen.

Diese Erfahrung hat auch Rolf Lyssy gemacht, als er sich schließlich mit therapeutischer Hilfe „der depressiven Krake" zuwandte und sie nicht zu greifen und zu beseitigen, sondern genau zu beschreiben suchte. Die Wüstenmönche, die sich der lähmenden Akedia nicht immer entziehen konnten, versuchten ihr Geheimnis durch achtsames und konzentriertes Innewerden zu verstehen. Sie stimmten dem Depressivsein nicht zu, erachteten es vielmehr als „dämonische Versuchung". Doch sollte gerade die depressive Verstimmung sie nicht vom eingeschlagenen Weg der Achtsamkeit abbringen. Vielmehr wurde die Versuchung der Akedia, der ruhelosen Trägheit, zum Prüfstein ihrer Ernsthaftigkeit.

Die größte Gefahr, die mit einer Depression einhergeht, ist der Verlust der Achtsamkeit. Er kann dazu führen, dass sich ein

Mensch in der erfahrenen Gemütsleere selbst aufgibt. Rainer Maria Rilke bringt diesen depressiven Sinnverlust im Gedicht „Der Panther" in das Bild eines resignativen Eingeschlossenseins hinter unüberwindbaren Gittern:

„Sein Blick ist vom Vorübergehn der Stäbe
so müd geworden, dass er nichts mehr hält.
Ihm ist, als ob es tausend Stäbe gäbe
und hinter tausend Stäben keine Welt."

Im depressiven Erleben schwindet der Reiz der Welt. Es macht sich Überdruss breit. Wer sich in schwerer Depression an Positivem festhalten möchte, findet keinen Ansatzpunkt. Er gleitet an reizlosen Wänden ab oder verliert sich in gähnender Langeweile. Und dennoch erwacht in den meisten depressiven Menschen angesichts der empfundenen Leere ein Widerstand. Sie empfinden nicht nur Sinnlosigkeit, sondern auch Erregung, kein Nichts, sondern Leid. Die Fülle der Welt ist unerreichbar, wie von der Leere verschluckt und hinter unsichtbaren Stäben und Wänden versteckt. Aber ein diffuser Schmerz oder ein fahler Ekel zeigt an, dass das Gemüt nicht völlig ausgelöscht, die Lebenswelt nicht ganz leer ist. Das kann die depressive Erfahrung noch fürchterlicher machen. Aber es kann auch auf eine andere Fährte führen. Das achtsame Wahrnehmen des eigenen Zustandes kann im depressiven Vakuum auch den übersehenen Lebensrand wahrnehmen lassen und zum Festhalten an unscheinbaren Widerhaken führen.

Es sind vor allem einfache leibliche Empfindungen, etwa der Druck auf das Gesäß beim Sitzen oder das Erspüren der eigenen Haltung, welche die Leere etwas eingrenzen. Auch das eigene Atmen zeugt von Leben und kann achtsam verfolgt werden. Das aufmerksame Horchen in die Leere lässt auch bemerken, dass manche Gefühle nicht ganz abgestorben sind. Da ist etwa eine hintergründige Traurigkeit, ein angedeuteter Ekel, versteckte Schuld oder uneingestandene Scham zu spüren. Es sind kleine, oft übersehene oder ungern wahrgenommene Lebensphänomene, die in der Depression wichtig werden. Was im Alltag unbedeutend scheint, erhält in der depressiven Öde Bedeutung wie unscheinbare Pflanzen in der Wüstenlandschaft.

Depression wird manchmal mit einem Sterben mitten im Leben verglichen. Tatsächlich ist sie eine Zeit des Abschiednehmens. Sie erfüllt keine Wünsche. Sie lässt vielmehr zurück, woran sich das Herz gebunden hat.

Die depressive Zeit ist keine Zeit der großen Gesten. Aber kleine Zeichen können wie beim Abschied wichtig werden: eine versteckte Träne, eine kleine Aufmerksamkeit, ein verständnisvolles Schweigen. Wie beim Abschied wird der Schmerz durch gespielte Heiterkeit nicht gemildert. Feierlichkeiten und Sentimentalitäten sind fehl am Platz. Es wird wichtig, was gesagt, aber auch was nicht gesagt wird. Es werden Dinge bedeutsam, die kein Gewicht haben und die schwere Reise nicht belasten. Denn Depression ist wie Abschied nehmen auch ein Aufbruch, wenn auch wider Willen und ohne bekanntes Ziel. Gewöhnlich wird in depressivem Zustand einem Menschen zuerst bewusst, was er nicht mehr kann. Dann steht die eingeschränkte Leistungsfähigkeit, das Versagen der Kräfte, im Vordergrund. Diesem äußeren Erkennen der sozialen Behinderung steht ein inneres Wahrnehmen gegenüber. Es besteht in der Aufmerksamkeit für die Schwere des Empfindens. Die Depression ist dann nicht nur etwas, was einem Menschen zustößt und was er nicht mehr zu tun imstande ist. Sie bekommt ein Eigengewicht. Aus dem befremdenden Schicksal wird eine innere Erfahrung, eine bittere zwar, aber eine ureigene.

Die bleierne Schwere als Basis

Für dieses vorurteilslose Annehmen schwerer Gefühle hat Leo Tolstoi ein einprägsames Bild geschaffen. Er schreibt in seinen Tagebüchern, dass ein passives Erleiden nicht durch Ablenkung, sondern durch Einkehr und Hinwendung gelindert werden kann: „Wenn man leidet, muss man Einkehr halten, nicht nach Streichhölzern suchen, sondern das Licht löschen, das gerade leuchtet und (uns) daran hindert, unser wahres Ich zu erkennen. Man muss das Stehaufmännchen, das auf dem Kopf stand, herum drehen und es auf seinen Bleifuss stellen, dann wird alles klar, dann schwindet ein großer Teil des Leidens; jener ganze Teil, der nicht körperlicher Natur ist“ (zit. nach Hell 2003).

Modernen Menschen ist das achtsame Innewerden der eigenen Schwere oftmals dadurch verwehrt, dass die depressive Erkrankung als etwas Minderwertiges, Stigmatisierendes angesehen wird. Das führt viele Menschen dazu, gegen das eigene Erleben Stellung zu beziehen. Nicht die Umstände oder die Erkrankung, die zur depressiven Leere beigetragen haben, werden in Frage gestellt, sondern das Gewicht des eigenen schweren Erlebens wird bekämpft. Dieses Hinterfragen der inneren Erfahrung kann durch ausschließlich biochemische Erklärungsversuche der Depression noch unterstützt werden. Dann scheint das depressive Erleben nur eine Sache fehlgeleiteter Neuronen zu sein. Die eigene Depression wird gleichsam durch die Augen von Experten wahrgenommen. Das Gewicht des eigenen Leides wird sinnloser Ausdruck einer bloßen Symptomatik.

Dadurch wird die Entfremdung in der Depression bodenlos. Auch was noch erfahrbar ist, wird zum Gegenstand der Erkrankung. Verbliebene und herabgestimmte Gefühle wie aufkeimende Wut, unterdrückte Traurigkeit oder Scham- und Ekelgefühle werden nicht mehr als Lebenszeichen – als Gemütsinseln im Meer der depressiven Leere – verstanden, sondern als Krankheitszeichen beurteilt, weil sie unangenehm sind.

Aber nicht das Leidvolle ist des Lebens größter Feind, sondern die Unempfindlichkeit gegenüber Entfremdung und Leere. Erst wenn die depressive Entleerung bewusst wahrgenommen wird, kann auch medizinische Hilfe greifen. Die nötige fachliche

Hilfe setzt ein gewisses Achtsamsein voraus. Wo aber mit medizinischer Hilfe das innere Erleben selbst – und nicht nur die depressive Blockade – bekämpft werden soll, übergibt sich der depressiv Erkrankte einer fremden technischen Macht. Es ist ihm dann nicht mehr möglich, im depressiven Leid auch Enttäuschungen zu erkennen und eine Botschaft zu hören, die ihm vielleicht in guter Stimmung unzugänglich war.

Wenn etwas Frieden schließen lässt mit der bitteren Erfahrung einer Depression, so ist es die Einsicht, dass das depressive Geschehen ein Eigengewicht hat, das das Persönliche nicht aus-, sondern einschließt. Davon zeugen in eindrücklicher Weise die Berichte betroffener Menschen.

Verwundete Erzähler

Sowohl der Pädagoge und Künstler Adrian Naef wie der Filmregisseur Rolf Lyssy haben mehrere Monate in schwerer depressiver Not in der Psychiatrischen Universitätsklinik Zürich verbracht und später ihre Depressionserfahrungen in Büchern veröffentlicht. Was aber hat sie und viele andere, die eine Depression überstanden haben, dazu gebracht, sich in der wiedergewonnenen Tageshelle erneut mit dem Dunkel auseinander zu setzen, statt die schlimme Erfahrung einfach hinter sich zu lassen? War es die Ahnung, dass Vergessenes und Verdrängtes die Neigung hat, sich wieder bemerkbar zu machen, wenn es am wenigsten erwünscht ist? War es künstlerische Kreativität, die sich dem Tragischen nicht verschließen mag? Ich denke, nicht nur. Es ist auch der Wille, der erfahrenen Ohnmacht und der erlebten Abhängigkeit von medizinischer Hilfe eine eigenständige Sicht der Begebenheiten entgegenzusetzen. Denn der Blick von außen kann dem Grauen nicht gerecht werden. Auch die medizinische Beurteilung greift immer zu kurz. So richtig die Diagnose „Depression“ auch sein mag, sie bleibt äußerlich und tropft am inneren Erleben ab.

Adrian Naef sagt es so: „Ein Buch über den Nachtgang eines Depressiven kann bestenfalls die ganz andere Logik darstellen, die sich dem Einsamen mit dem Einfallen der Nacht umgehend manifestiert. Es kann die Eigenart der Möblierung der dunklen Wohnung beschreiben, wo man vor lauter Sich-Stoßen so leicht das Wahrnehmen vergisst." Es kann berichten, wovon nur der Nachtgänger zeugen kann.

Von schlimmer Not belehrt, lässt Adrian Naef eine bloß äußerliche Definition seines Leidens nicht zu und setzt sich sogar für seinen depressiven Zustand ein: „Depression ist eine Erpressung zur Liebe. Sie drückt das Ego aus dem Mittelpunkt des narzisstischen Interesses ... Depression erzieht zur Milde gegenüber den Macken der Andern." Schließlich fasst er zusammen: „Trotz allem – Depression ist das Beste, was mir je passierte ... So wie ich vorher lebte, hätte es nicht weiter gehen können. Ich wurde vor mir selbst in Schutz genommen. Ich habe ein zweites Leben bekommen." Dabei ist er sich bewusst, dass viele andere eine Depression nicht überleben. „Würden die Abgestürzten noch im Stande sein, Bücher zu schreiben, ergäbe das ein ernüchterndes Bild. Die Sieger schreiben die Geschichte, nicht die Toten."

Adrian Naefs Buch „Nachtgänger" kann als Plädoyer für das Ernstnehmen des inneren Erlebens und als Kritik an der Expertensicht von außen, wenn sich diese überschätzt und als absolut versteht, gelesen werden. Entscheidend scheint ihm weniger, was Drittpersonen in den verschiedensten Untersuchungen übereinstimmend an depressiven Menschen festzustellen vermögen, sondern was die „erste Person" an sich selber erlebt und wie dieses Leben symbolisch in ein kulturelles Verständnis eingebettet werden kann. Als „verwundeter Erzähler" misstraut Adrian Naef der bloßen Darstellung von äußeren Bedingungen seines Unglücks und lässt sich das nicht nehmen, was sein Schmerz ihm sagt.

Andere Menschen mit depressiver Erfahrung haben andere Gesichtspunkte in den Vordergrund gestellt. Nicht wenige haben von ihrer Erfahrung berichtet, dass sich ein Mensch in depressivem Zustand entäußert und in das Leben „hinein stirbt", wie sich Peter Schellenbaum ausdrückt. Teilhard de Chardin hatte in diesem Zusammenhang den Mut, von einer „glückseligen Minderung des Lebens" zu sprechen (Schellenbaum 2004).

Solche und ähnliche Aussagen setzen voraus, dass sich ein Mensch, trotz gesellschaftlicher Vorurteile, in depressiver Stimmungslage nicht entwertet, sondern achtsam und vorurteilsfrei wahrnimmt, was er empfindet. Dann kann es – bei nicht allzu schweren Depressionen – geschehen, dass die depressive Erfahrung von Antriebsarmut, herabgestimmten Gefühlen und innerer Leere der Entdeckung einer größeren und umfassenderen Wirklichkeit weicht. Silja Walter dichtet:

„Red ich und red ich,
verbleibst du hinter dem Licht und wartest
so lang in der Nacht, bis ich schweige.
Dann bläst du die Lichter rund um mich aus,
die Nacht gibt dich frei und du kommst."

Kapitel 4

Sorge-Tragen zum Seelischen – Psychotherapie und Seelsorge

Seelsorge und Seelenbehandlung

Psychiatrie und Psychotherapie haben sich in ihrer Gründungszeit im 18. und 19. Jahrhundert in ein Gebiet gewagt, das vorher weitgehend durch die kirchliche Seelsorge besetzt war. Dadurch entstand ein Konkurrenzverhältnis zur Seelsorge, wie es im ersten Kapitel dieses dritten Buchteiles beschrieben wurde. Insbesondere im 19. und zu Beginn des 20. Jahrhunderts wurde der Anspruch erhoben, die Seele psychologisch oder medizinisch zu behandeln statt seelsorgerlich zu umsorgen. Erst nach und nach wurde in der wissenschaftlichen Psychologie und Psychiatrie deutlich, dass die Seele nicht so leicht greifbar ist. Sie ist kein objektivierbares Phänomen. Je mehr sich die als Seelenlehre bzw. als Seelenheilkunde angetretenen Fächer auf das Beobachtbare und Messbare konzentrierten, desto mehr kam ihnen das Seelische abhanden (vgl. Teil 1). Insbesondere die akademische Psychologie und Psychiatrie wandelten sich in den letzten Jahrzehnten zu angewandten Neurowissenschaften. Statt von der Seele war und ist nun vom Gehirn die Rede. Das völlige Aufgeben des Seelischen in einer konsequenten Gehirnkunde oder Encephaliatrie (statt Psychiatrie) erweist sich aber zusehends als unbefriedigend.

Viele moderne Menschen sind zwar dankbar dafür, dass ihnen neue Behandlungsformen zur Verfügung stehen, die auf neurowissenschaftlichen Erkenntnissen beruhen. Sie möchten aber nicht darauf verzichten, in ihrem seelischen Erleben ernst genommen zu werden. Sie wollen nicht nur als statistische Größe in empirische Untersuchungen eingehen, sondern auch als je einzelne, unteilbare und einzigartige Personen wahrgenommen und zur Entscheidung herangezogen werden. Für dieses Besondere des Menschen steht aber das Wort „Seele". Pascal fand dafür den klassischen Ausdruck: „Lerne, dass der Mensch den Menschen unendlich übersteigt." Auf dieses Zusätzliche, das seit alters her „Seele" genannt wird, möchten auch Hilfe suchende Menschen nicht verzichten.

Ein solches Menschenverständnis, das eine nicht objektivierbare Seele einbezieht, ist aber nicht geeignet, als wissenschaftliche Grundlage einer reparativen Psychologie oder Psychiatrie zu dienen. Benötigen deshalb Menschen, die seelische Bedürfnisse haben, wieder der Seelsorge? Führt die Renaissance der Seele dorthin zurück, von wo die Psychotherapie ausgegangen ist?

Christliche Seelsorge in Abgrenzung zur Psychotherapie

Die christliche Seelsorge basiert auf einer religiösen Überzeugung. „Soll Seelsorge als eine spezifisch christlich geprägte Form zwischenmenschlicher Hilfe verstanden werden, darf die transzendente Blickrichtung niemals eliminiert werden!" schreibt Doris Nauer (2001) in einem modernen Handbuch der Seelsorge. Dass das Eigentliche der Seelsorge gerade in der Voraussetzung des Glaubens besteht, vertritt auch Jürgen Ziemer in seinem Standardwerk der „Seelsorgelehre" (2004).

Demgegenüber ist Psychotherapie an keine religiöse Überzeugung gebunden. Zwar können Psychotherapeuten einen persönlichen Glauben haben, aber dieser Glaube ist nicht Grundlage ihrer Disziplin. Die Psychotherapie beschränkt sich darauf, Lebenshilfe zu leisten und persönliche Konflikte und Schwierigkeiten eines Menschen abzubauen. Über diese praktische Lebenshilfe hinaus legt sie sich auf kein bestimmtes Ziel fest. Sie versucht also z. B. nicht, jemandem zum Glauben zu verhelfen.

Umgekehrt kann christliche Seelsorge nicht von einem höheren Ziel abstrahieren. Christliche Seelsorger können zwar psychotherapeutisch wirksam sein. Solange sie aber Seelsorge betreiben, geschieht auch ihre psychotherapeutische Hilfe vor dem Hintergrund einer christlichen Sorge um die Seele und ihr Heil.

Öffnung der Seelsorge gegenüber der Psychotherapie

Bestand die Seelsorge in der Mitte des 20. Jahrhunderts noch vor allem in der Verkündigung des biblischen Wortes, so fand in den letzten Jahrzehnten eine bemerkenswerte Verschiebung ihres Schwerpunktes statt. Die Psychotherapie wurde nicht mehr als konkurrierende Methode eingeschätzt, sondern als Ergänzung in die seelsorgerliche Tätigkeit aufgenommen.

Die Offenheit gegenüber psychologischen Ansätzen ist aber nicht so neu, wie es auf den ersten Blick scheint. Schon seit der Aufklärung hat sich die christliche Seelsorge mit Erkenntnissen aus Psychologie und Anthropologie befasst. Neu ist vielmehr, dass die moderne Seelsorge ohne Berücksichtigung psychotherapeutischer Verfahren kaum mehr denkbar ist. Viele der heutigen Seelsorger sind auch psychotherapeutisch tätig. Es kommen Ansätze der Gesprächstherapie (von Rogers), der Tiefenpsychologie (vor allem von Jung, aber auch von Freud und weiteren Psychoanalytikern), der Logotherapie (von Frankl), der Gestalttherapie (von Pearls) und der Systemtherapie (von Minuchin und andern) zum Einsatz.

Gerade infolge dieser Offenheit christlicher Seelsorge gegenüber psychotherapeutischen Einsichten ist innerhalb der christlichen Seelsorge der Ruf laut geworden, das Wesentliche der Seelsorge nicht zu vergessen. Das Wesentliche sei aber die Vermittlung einer Glaubensbasis. So geht es nach Winkler (zit. nach Nauer 2001) darum, „die in der heiligen Schrift und der christlichen Glaubenstradition aufscheinenden vorausgängigen Glaubensinhalte gegen ‚Horizontalisierungstendenzen‘ [zu] verteidigen und Seelsorge darauf [zu] verpflichten, diese Inhalte, und damit die ‚frohe Botschaft‘ im Sinne konstanter Glaubenshilfe an Menschen weiter zu vermitteln". Damit ist die Seelsorge einem „Mehr" verpflichtet. Sie hat den Menschen auch zu ermutigen, sich auf religiöse Erfahrungen einzulassen bzw. ihren individuellen Glaubensweg zu Gott zu finden.

Jürgen Ziemer schreibt in diesem Sinne: „Seelsorge ist wohl psychologische Arbeit und sie muss es sein, aber sie geht in dieser Beschreibung nicht einfach auf ... Seelsorge geschieht immer auch im Vertrauen auf die für den konkreten Menschen relevante heilende Gegenwart Gottes." (Ziemer 2004)

Die Psychotherapie vertritt im Vergleich dazu ein „Weniger". Dieses „Weniger" kann aber eine Voraussetzung dafür sein, dass sich Menschen überhaupt auf den Weg zu innerer Befreiung machen. Durch ihre religiöse Ungebundenheit finden auch Menschen in psychotherapeutische Behandlung, die kein religiöses oder spirituelles Ziel verfolgen. Sie wollen von persönlichen Schwierigkeiten und inneren Konflikten entlastet werden oder suchen wegen Angstzuständen, Zwängen, depressiver Verstimmungen oder Suchtproblemen Hilfe.

Öffnung der Psychotherapie gegenüber der Seelsorge

Psychotherapie und Seelsorge sind aber nicht so leicht voneinander zu trennen, wie es zunächst scheint. Nicht nur die Seelsorge hat sich in den letzten Jahrzehnten zunehmend der Psychologie und Psychotherapie geöffnet. (Die bekanntesten Beispiele sind Eugen Drewermann und Anselm Grün.) Auch die Psychotherapie verschließt sich immer weniger der Transzendenz. Viele Psychotherapeuten schließen spirituelle Ziele nicht mehr aus und nähern sich auf diese Weise der seelsorgerischen Praxis an.

Ein frühes Beispiel dafür ist Hans Trüb, der ein bedeutender Schüler von Carl Gustav Jung war. Hans Trüb (1889–1949) war als ärztlicher Psychotherapeut der Meinung, „dass der Mensch nur zu sich selbst kommt und er selbst wird, insofern als er von einer transzendenten Stelle her angerufen ist und darauf antwortet“ (Trüb 1951). In diesem Sinne vertrat er die Auffassung, dass die eigentlich heilende Kraft nicht im Therapeuten selber läge, aber dass „der liebende Anruf von Seiten eines Therapeuten“ es leichter machen könne, sich gegenüber dem Transzendenten zu öffnen und Heilung zu finden. Nur ein Therapeut, der sich nicht als letztes Agens verstehe, könne akzeptieren, dass es in der Therapie auch gelte, eigene Hilflosigkeit auszuhalten und „zitternd Antwort zu stehen“, im Wissen darum, dass die Therapie vor einem Umfassenderen geschehe.

Auch der bekannte Psychiater und Psychoanalytiker Gaetano Benedetti warnt davor, die psychologische Erkenntnisfähigkeit als therapeutischen Wirkfaktor zu überschätzen. Gerade in aussichtslos erscheinenden Situationen sei eine therapeutische Hingabe nötig, die „aus nichts anderem stammen kann als aus der Wahrnehmung einer transzendenten Dimension der menschlichen Person“ (Benedetti 1976). Benedetti scheut sich nicht davor, von „therapeutischer Verzweiflung“ zu sprechen, welche mitunter erst die Sicht frei machen könne für eine transzendente Hilfe. Ein anderer Schweizer Psychiater und Psychotherapeut, Balthasar Staehelin, hat diese transzendente Dimension ganz ins Zentrum seiner Therapien gerückt.

Es ist kein Zufall, dass die Öffnung der Psychotherapie gegenüber dem Transzendenten dazu führt, das Selbstverständnis der Therapeuten und ihre Rolle im Behandlungsprozess zu verändern. Steht in einer wissenschaftlich basierten Psychotherapie die Behandlungstechnik im Vordergrund, rückt für religiös verwurzelte oder spirituell ausgerichtete Psychotherapeuten wie Hans Trüb oder Gaetano Benedetti die personale Beziehung zum Patienten – auf dem Hintergrund eines umfassenderen, transzendenten Beziehungsverhältnisses – ins Zentrum. Dabei gleicht sich die Position von Patient und Therapeut in ihrem beidseitigen Verhältnis zu einem Dritten und Umfassenden an. Beide,

Patient und Therapeut, stehen in Abhängigkeit von einer höheren Macht und sind aufgerufen, auf je persönliche Weise auf die ihnen durch die Not aufgezwungene Frage Antwort zu geben.

So ist wenigstens ansatzweise zu verstehen, wenn Hans Trüb und Gaetano Benedetti von ihrer eigenen Verzweiflung im therapeutischen Prozess sprechen.

Dass therapeutische Verzweiflung bzw. „das Hilfloswerden mit den Hilflosen" unter Umständen Voraussetzung für einen Behandlungsdurchbruch sein kann, ist so lange unverständlich, wie Therapie mit einem „Machen" gleichgesetzt wird. Dann hat der Therapeut die Regeln der Kunst so anzuwenden, dass er immer noch um einen Ausweg weiß. Hilft das eine Mittel nicht, so ist ein anderes einzusetzen usw. Auf keinen Fall darf aber therapeutische Ohnmacht eintreten. Das wäre gleichbedeutend mit einem Therapieversagen. Bei einem solchen mechanistischen Denken wäre das Eingestehen von Hilflosigkeit höchstens zu vertreten, wenn damit aufgrund einer psychologischen Gesetzmässigkeit Selbstheilungstendenzen des Patienten reaktiviert werden könnten.

Benedetti und anderen spirituell orientierten Therapeuten geht es aber um etwas völlig anderes. Benedetti schreibt z. B., dass er den Patienten nicht bloß zu einem Behandelten, Betreuten oder Verarzteten, kurz zu einem Objekt machen möchte. Vielmehr sieht er seine Aufgabe darin, dem leidenden Menschen als letztlich unverfügbare und unantastbare Person gerecht zu werden, d. h. in seinen Worten, „den heilen Kern der Persönlichkeit" anzusprechen. Das soll zwar nicht ohne Fachkompetenz geschehen. Aber das überlegene Fachwissen des Therapeuten soll auch nicht dazu verführen, den Patienten in eine unterlegene Rolle zu drängen, die seine eigenständige Entfaltung behindert.

Martin Buber, der Autor von „Ich und Du" und führender Vertreter eines dialogischen Therapieverständnisses, ist dezidiert der Auffassung: „Es ist eine Vermessenheit, dem Anderen helfen zu wollen, ohne in die Gegenseitigkeit einzutreten. Jede Einwirkung auf ihn ohne diese ist Magie." Das Zulassen „therapeutischer Verzweiflung" darf deshalb nicht im Rahmen einer therapeutischen Technik verstanden werden. Es hat keine Behandlungsfunktion. Aber es schließt die Ohnmacht des Patienten auch nicht weg. Es zeigt an, dass der Therapeut dem Hilfe suchenden Patienten nicht nur als Experte, sondern auch als teilnehmender Mitmensch begegnet. Das therapeutische Feld beschränkt sich nach diesem Verständnis nicht nur auf den Patienten. Auch der Therapeut ist Teil davon.

Dieses „Sich-in-Beziehung-Setzen" führt Benedetti zum Begriff der „Tragung". Diesen Begriff verwendete zuvor bereits Ludwig Binswanger, der Begründer der Daseinsanalyse. Er ist Ausdruck eines Akts der Hoffnung.

Benedetti (1980) schreibt: „Tragung hat eine andere Zeitdimension als ‚Übertragung' [also die Gefühle, die der Patient dem Psychotherapeuten entgegenbringt, ohne dass dieser konkret dazu Anlass gegeben hätte]. Letztere kann im Verlaufe weniger Tage vollendet sein. Aber die Tragung ist immer ein wirkliches Getragensein über lange Zeitabschnitte hinweg, in den Stunden der positiven und der negativen Übertragung, in den Momenten der Aussichtslosigkeit, durch die leeren Augenblicke und die vielen Klagen des Kranken hindurch. Es vollendet sich dann ein Kreis, der mehr ist als die Summe aller Deutungen und Einsichten, und der vielmehr in der Erfahrung einer ungebrochenen mitmenschlichen Kontinuität liegt."

In solcher Zwischenmenschlichkeit wird überschritten, was naturwissenschaftlich fassbar ist. Es öffnet sich eine Dimension, die als „intersubjektiv" bezeichnet worden ist. Transzendent ist sie, wenn neben den beiden betroffenen Personen ein Umfassenderes – in religiöser Sprache: Gott – einbezogen ist. Die „Tragung" oder das therapeutische Mitsein ist nicht mehr auf einer individuellen Ebene anzusetzen. Es berührt ein „Zwischen“ und ist verantwortlich für ein Angesprochen-Werden aus diesem unfasslichen Sein. In der dialogischen Anthropologie Martin Bubers ist der zwischenmenschliche Dialog transzendenten Ursprungs. Der Mensch kann die Ich-Einsamkeit nicht alleine aufbrechen. Es braucht Gott, das eigentliche Du des Menschen.

Auch wenn religiöse Begriffe vermieden werden, stehen Aussagen wie diejenigen von Gaetano Benedetti dem nahe, was christliche Seelsorge zum Inhalt hat. Allerdings lassen sie sich konfessionell nicht einordnen. Sobald eine solche psychotherapeutische oder seelsorgerliche Haltung einer Sache, sei es einem therapeutischen Projekt oder einem religiösen Bekenntnis, und nicht mehr dem betroffenen Menschen dient, geht verloren, was sie eigentlich ausmacht. Auch das folgende Beispiel darf nicht als therapeutische Erfolgsgeschichte gelesen oder so verstanden werden, dass es eine psychologische Gesetzmäßigkeit widerspiegelt. Es will nur veranschaulichen, dass eine gemeinsame Erfahrung des Scheiterns von Patient und Therapeut – ein „Dualismus des Leidens“ (Benedetti) – auch Ausgangspunkt einer befreienden Entwicklung sein kann.

Ein Beispiel gemeinsamer Not

Eine 40-jährige alleinstehende Patientin leidet nicht das erste Mal an einer schweren Depression. Der erneute Krankheitsrückfall ist aber besonders schwerwiegend. Weder die Behandlung mit mehreren Antidepressiva, mit Infusionstherapie, mit Schlafentzug noch die intensive Betreuung vermögen ihre depressive Blockade zu lindern. Eine Elektrokrampfbehandlung hat bei einer früheren Episode nur begrenzt geholfen, war aber vorübergehend mit schwereren Gedächtnisstörungen einhergegangen, sodass die Patientin eine solche Behandlung ablehnt.

Ihre aktuelle Not geht mit einer großen inneren Unruhe einher. Zwar ist sie so stark blockiert, dass sie weder lesen noch fernsehen kann. Gleichzeitig ist sie aber auch nicht so erschöpft, dass sie vor lauter Müdigkeit nichts mehr tun möchte. Vielmehr sucht sie angestrengt nach Möglichkeiten, doch noch etwas zu leisten. Ihre verzweifelten Versuche scheitern aber an Konzentrationsunfähigkeit. Die damit einhergehende Enttäuschung verstärkt ihre Selbstabwertung und ihre Todeswünsche. Immer wieder denkt sie an Suizid. Dabei drehen sich ihre Gedanken im Kreise. Sie fühlt sich ihnen ausgeliefert. „Nicht einmal meine Gedanken gehören mehr mir. Ich bin eine Versagerin. Ich habe nicht einmal die nötige Kraft und den nötigen Mut, mich umzubringen."

Ihr Zustand erfordert eine engmaschige Betreuung. Auch benötigt sie starke Beruhigungsmittel, um etwas Ruhe und nachts Schlaf zu finden. In Gesprächen vermag sie sich nur kurzfristig zu konzentrieren. Doch nimmt sie auch stilles Präsentsein wahr und akzeptiert diese Zuwendung. Dann ist ihre Not besonders eindrücklich zu spüren. Als behandelnder Arzt behalte ich zwar die Hoffnung, dass ihre schwere depressive Episode wieder abklingt. Aber ich weiß auch um ihre Gefährdung, an einer Suizidhandlung zu sterben oder daran, dass sie kaum oder gar keine Nahrung zu sich nimmt. Anlässlich einer früheren Hospitalisation hat sie sich einmal selbst angezündet, sodass ihre Kleider lichterloh brannten. Belastend für mich ist auch das Wissen um die Schwere ihres Leidens. Meine psychiatrische und psychotherapeutische Hilfe kann nur die Spitze ihrer Not eindämmen, die hintergründig vorhandenen destruktiven Kräfte aber nicht nachhaltig brechen. Es muss etwas geschehen, das nicht in meiner Macht liegt, etwa eine Neuordnung ihrer inneren Dynamik oder eine Veränderung ihrer Einstellung zur depressiven Blockade. Was ich tun kann, ist, ihr täglich zu vermitteln, dass ihre krankhafte Not sie nicht schlecht macht, aber an die Grenze ihrer Belastungsfähigkeit führt.

Es vergehen belastende Wochen anhaltender Ungewissheit und Verzweiflung, bis bei der Patientin erste Zeichen einer mimischen Lockerung und wenig später erste Hinweise auf eine subjektive Linderung ihrer depressiven Bedrücktheit auftreten.

Nach Abklingen der Depression versucht sie in Worte zu fassen, was mit ihr geschehen ist. Sie äußert im ärztlichen Gespräch, dass die medizinische und medikamentöse Hilfestellung zeitweise wie an ihr abgetropft, zeitweise ihre Verzweiflung aber zugedeckt habe. Entscheidend sei aber etwas anderes gewesen: Die Erfahrung des geteilten Leidens und die Ahnung, dass der therapeutische Einsatz nicht in erster Linie um ihre Krankheit zu besiegen erfolgt sei, sondern für sie und ihr Leben.

Vielfältige Übergänge zwischen Psychotherapie und Seelsorge

An der Auseinandersetzung zwischen Hans Trüb und Carl Gustav Jung lassen sich verschiedene Gewichtungen von Psychotherapie und Seelsorge bei religiös interessierten Ärzten veranschaulichen. Hans Trüb warf C. G. Jung vor, dass er die psychologischen Erkenntnisse über das religiöse Erleben stelle. Er sah die Gefahr, dass sein Lehrer C. G. Jung nicht beim achtsamen Wahrnehmen spiritueller Erfahrungen innehielt, sondern diese psychologisierte und damit relativierte. Diese Psychologisierung führe Jung dazu, als Ziel der Heilung den in sich selbst erfüllten, individuierten Menschen anzunehmen, statt den Menschen „vor Gott". Demgegenüber sah C. G. Jung in seinen psychologischen Deutungen eine Hilfestellung für den modernen Menschen, sich dem spirituellen Erleben zu öffnen (Jung 1962). Seine Erläuterungen sollten auch den wissenschaftlich interessierten Menschen ansprechen. Er suchte nach einem Ordnungsschema auch da, wo es rational nicht mehr ergründbar war.

Psychotherapie und Seelsorge sind nicht identisch. Sie

schließen sich gegenseitig aber auch nicht aus. Gerade in einer Zeit, in der sich psychotherapeutische Ansätze mit spirituellen Zielvorgaben verbreiten, scheint es richtig und wichtig zu sein, Psychotherapie in erster Linie als eine Auseinandersetzung mit praktischen Schwierigkeiten, mit persönlichen und familiären Problemen sowie mit gesellschaftlichen Härten zu sehen. Dieser problemorientierte Zugang schließt nicht aus, dass Psychotherapeuten offen sind für spirituelle und religiöse Erfahrungen. Wenn gesehen wird, dass Psychotherapie und Seelsorge nicht identisch sind, dann kann auch das eine mit dem andern in der Praxis differenzierend verbunden werden.

Der Arzt und Psychotherapeut Hans F. Bürki-Fillenz (2003) schreibt in diesem Zusammenhang zu Recht: „Scheinprobleme entstehen dort, wo nicht sachgemäß gefragt und unterschieden wird, wo man vermischt, was nicht zusammengehört. Psychotherapie scheint dann Seelsorge ‚ohne weiteres' ersetzen zu können, oder Seelsorge versteht sich ‚einfach' als Psychotherapie. Im Versuch, solchen Spiegelfechtereien auszuweichen, kann man einem entgegengesetzten Kurzverfahren erliegen: Man trennt unsachgemäß, was in einem umfassenden Sinn zusammengehört. Seelsorge hat dann nichts zu tun mit Psychotherapie und umgekehrt. Zum Scheinproblem gesellt sich so die unechte Alternative."

Die komplementäre Beziehung von Psychotherapie und Seelsorge

Psychotherapie und Seelsorge gehen nicht ineinander auf und sollten meines Erachtens nicht vermischt werden, sie lassen sich in der Praxis aber auch nicht völlig trennen. Beide befassen sich mit der Not und dem Unheilsein des Menschen. Darin aber, was Heil- oder Ganzwerden bedeuten, unterscheiden sich Psychotherapie und Seelsorge. Für die einen bedeutet es Gesundheit, Individuation oder Konfliktlösung, für die anderen darüber hinaus ein Heilwerden durch Gott.

Dieses „Mehr“ der Seelsorge bleibt nicht ohne soziale Konsequenzen. Während Psychotherapie – auch wenn sie in Gruppen oder in Familien erfolgt – immer ein isoliertes Geschehen bleibt, das keinen größeren gemeinschaftlichen Rahmen voraussetzt, ist seelsorgerliches Handeln notwendigerweise auf eine kirchliche Gemeinschaft bezogen. Der Transzendenzbezug der Gläubigen wird durch die christliche Gemeinde geerdet. Demgegenüber bleibt dem psychotherapeutisch behandelten Menschen oft nur die Beziehung zum Therapeuten – mit der Gefahr einer gewissen Ausschließlichkeit.

So wichtig es ist, Psychotherapie von Seelsorge abzugrenzen, so komplementär wirken die beiden Ansätze im therapeutischen Alltag zusammen. Der Zugang zum Seelischen ist nicht eindimensional. Immanente und transzendente Hilfe können sich ergänzen. Psychotherapeuten und Seelsorger treffen sich in der Einschätzung, dass der Mensch mehr ist als ein störungsanfälliger Organismus. Seelsorgerische Psychotherapeuten und psychotherapeutische Seelsorger sind sich darüber hinaus einig, dass es im Menschen einen Personkern oder eine „Seele“ gibt, die nicht erkranken kann. Sie suchen die Menschen in ihrer Not oder in belastenden Konflikten zu stärken, indem sie diesem Personkern Raum geben. Sie gehen nicht in Sorge um die Seele auf, sondern versuchen Sorge zu tragen für das je spezifisch Seelische, das jeden Menschen auszeichnet.

Die Seele ist tot, es lebe das Seelische

Die Weisheit einer Sage – an Stelle einer Zusammenfassung

Eine keltische Sage erzählt von einem außergewöhnlichen Druiden, eine Art Priester, der eine besondere Überzeugungskraft hatte. Leute aus aller Welt suchten ihn auf, um von ihm zu lernen. Mit der Zeit wurde der Druide von sich selbst so eingenommen, dass er mit den Leuten zu spielen begann. So überzeugte er einmal einen Philosophen aus Ägypten, dass schwarz weiß wäre. Und nachdem ihm dies gelungen war, bewies er dem gleichen Mann, dass weiß schwarz wäre, bis der unglückliche Philosoph schließlich nicht mehr wusste, ob es überhaupt Farben gebe.

Eines Tages überraschte sich der Druide selbst mit der Beweisführung, dass es keinen Gott gebe. In einem nächsten Schritt wies er in bestechender Weise auch die Inexistenz einer Seele nach. Seine Art zu argumentieren war so überzeugend, dass der König, der zuvor ein wirklich religiöser Mann war, seinen Glauben über Bord warf und seinem Volk anordnete, von jetzt an weder an Gott noch an die Existenz einer Seele zu glauben. Der Druide ging aber noch einen Schritt weiter: Er teilte dem König mit, dass die Logik die Quelle aller Wahrheit wäre. Deshalb gebe es auch nichts, das man nicht sehen könnte. Der König war von der Beweisführung seines Priesters so überzeugt, dass er sofort sein Volk um sich versammelte und anordnete, nur noch zu glauben, was man sehen könne.

Eines Tages saß der Druide auf einem Felsen am Meer, als er jemanden, den er nicht sehen konnte, zu sich sprechen hörte. Dieser beschuldigte den Druiden, ein verdorbener Mensch zu sein, hätte er doch seinen Verstand benutzt, um den Glauben seines Volkes zu zerstören. Er habe nie auf sein Herz gehört und damit eine ebenso wichtige Quelle der Wahrheitssuche missachtet, wie es der Intellekt sei.

„Aber ich war nur logisch“, argumentierte der Druide.

„Logik ist sehr gut“, antwortete die unbekannte Stimme, „aber du verlässt dich allein auf sie, weil sie deinen Stolz befriedigt. Aber jetzt ist es zu spät zu argumentieren, denn du hast nur noch wenige Stunden zu leben.“

Der Druide erschrak zutiefst, denn er hing am Leben und wollte noch nicht sterben. Deshalb bat er den Engel inständig, dafür zu sorgen, dass er noch etwas länger leben könne, um sein Leben in Ordnung zu bringen. Daraufhin antwortete die Stimme, dass ihm noch etwas Zeit gegeben sei. Allerdings könne er sich nur von der Hölle erretten, wenn es ihm gelinge, den König von der Existenz der Seele zu überzeugen.

Daraufhin machte sich der Druide sofort zum Königspalast auf. Hier herrschte aber nicht mehr der König, den er früher von der Inexistenz von Gott und Seele überzeugt hatte, sondern dessen Sohn, den er in diesem Glauben aufgezogen hatte. Dieser antwortete dem Druiden denn auch, dass er trotz der aktuellen Argumentationsweise des Druiden nicht in der Lage sei, an eine Seele zu glauben, weil er sie nicht sehen könne. Daraufhin bat der Druide den König, sein Volk zu versammeln. Als sich die Leute vor dem Königspalast eingefunden hatten, kniete der Druide vor dem König nieder und bat ihn, seine Kehle mit dem Schwert zu durchtrennen. „Wenn du meine Kehle durchschnitten hast, wirst du die Seele sehen. Wirst du, wenn du sie siehst, auch an sie glauben und deinem Volk befehlen zu akzeptieren, dass es so etwas wie eine Seele gibt?“

Der König stimmte dem Vorschlag des verzweifelten Druiden zu. Er nahm sein Messer und durchstach die Kehle des Druiden, sodass dieser zu Boden fiel. Aus seiner Kehle flatterte eine schöne weiße Kreatur in den Himmel. So sei, sagen die Iren, der erste Schmetterling entflogen.

Diese keltische Sage bildet eine innere Erfahrung in einer äußeren Geschichte ab. Der Schmetterling wird zum Symbol eines Geschehens, das nur mit dem „inneren Auge“ erfahren werden kann. Dieses „innere Auge“ ist kein optisches Vermögen, sondern ein empfindendes und fühlendes Wahrnehmen. (Wie eine Grundmelodie prägt diese Einsicht das gesamte vorliegende Buch.)

Es braucht oft Grenzerfahrungen, um sich dessen, was das Leben ausmacht, wieder bewusst zu werden. In der keltischen Sage wird der von seinem Intellekt eingenommene Druide durch die Todesdrohung wieder auf sein leib-seelisches Erleben aufmerksam. Er bemerkt, dass das Leben nicht nur aus dem Sichtbaren und Analysierbaren besteht. Erst die Grenzerfahrung des Sterbens löst sein kristallklares Gedankengebäude auf.

Auch in tiefer Depression zählt nicht mehr, was bisher verlässlich und berechenbar schien. Eine depressive Erfahrung kann einen Menschen ins Nichts stürzen. Was vorher fest gefügt schien, fällt auseinander. Solche Grenzerfahrungen in schwerer Erkrankung, großem Leid oder im Bewusstsein des Sterbens können gewohnte Sichtweisen und fixe Vorstellungen wie einen Vorhang zur Seite schieben. Manchmal führen sie dazu, dass die zuvor blockierte Lebensenergie wieder ins Fließen kommt. Im erneuten Strömen – dem Ende einer Verpuppung gleich – wird ein unmittelbares Erleben frei, das so fragil und filigran wie ein Schmetterling ist.

Dieses schmetterlingshafte Sein hat keinen physikalisch messbaren Raum. Es geschieht im Augenblick und kann nicht festgehalten werden. Weil es etwas ist, das nicht mit den Augen oder den äußeren Sinnen eingefangen werden kann, neigen insbesondere abendländische Menschen dazu, es einem „Inneren“ zuzuschreiben.

Das archaische Bild des Schmetterlings oder des Seelenvogels steht für das, was dem Menschen fehlt, wenn er tot ist. Die Seele lässt sich nicht auf den Körper begrenzen. Das seelische Erleben umfasst, solange der Mensch lebt, Innen und Außen. Nur im toten Körper ist es nicht mehr fassbar.

Das seelische Erleben ist unmittelbar. Es verwurzelt den Menschen im Sein. Es geschieht zunächst ohne sprachliche Benennung und ohne rationale Beurteilung. Es ist deshalb auch nicht zweckdienlich, nicht Ausdruck davon, was oder wozu der Mensch ist, sondern *dass* der Mensch ist. Von diesem Sein zu abstrahieren und den Menschen einem bestimmten Zweck zuzuordnen, heißt, dem Menschen die Seele zu nehmen.

Das menschliche Reden von der „Seele" ist in der Tatsache begründet, dass der Mensch bei allem notwendigen Funktionieren auch Erfahrungen kennt, die an keinem Ziel und an keinem „Haben wollen" festzumachen sind. Sie sind „an sich". Sie kommen dem Menschen zu, ohne dass er damit etwas in Besitz nimmt und auch ohne dass er damit in Besitz genommen wird.

Was macht die Seele aus? Seelenvorstellungen in der Geschichte

Die Seele hat – wie im ersten Buchteil ausgeführt – in der Menschheitsgeschichte ganz unterschiedliche Ausformungen angenommen. Immer ist aber mit „Seele" etwas Letztes, nicht auf ein anderes Zurückführbares gemeint. Im jüdischen Schöpfungsmythos atmet Gott dem Menschen die Seele ein. Im Unterschied zur geschaffenen Welt ist die Seele damit ein Ausdruck Gottes im Menschen.

Die Seele ist nicht der Willkür eines Gebrauchs unterworfen. Sie ist auch nicht sprachlich dingfest zu machen und mit einem Begriff einzufangen, ist sie doch nach der jüdischen Schöpfungsgeschichte nicht wie Land und Meer, Pflanzen und Tiere durch ein Wort Gottes geschaffen worden.

Trotzdem hat der Mensch zu allen Zeiten versucht, dieses vorsprachliche seelische Erleben auch in Worte zu fassen. Erst die Sprache gibt dem Menschen die Möglichkeit, darüber nachzudenken, was er seelisch erlebt. Dass der Mensch lebt und erlebt, geht aber dem Nach-Denken immer voraus. Auch deshalb ist es sinnlos, das seelische Erleben durch sprachlich begründetes Denken ersetzen zu wollen.

Der Mensch kann aber an das Geheimnis der Seele rühren, indem er in einem steten Vor und Zurück sowohl seelisch erlebt wie auch sprachlich denkt. Während bloße Beschreibungen äußerer Beobachtungen die Eigenart des Seelischen verpassen, kann ihr ein stetes Wechseln zwischen vorsprachlichem Erleben und sprachlich begründetem Nachdenken näher kommen.

Weder das seelische Erleben noch die menschliche Sprache sind bloße organische Funktionsweisen, die definierbaren Gesetzmäßigkeiten folgen und sich abschließend analysieren lassen. Beide haben einen Freiheitsgrad und sind derart komplex, dass sie mit mechanistisch verstandenen Naturgesetzen nicht einzufangen sind. Auch dafür steht in einem weiteren Sinne das Wort „Seele“. Ein „beseelter“ Mensch ist eine Person, in der eine schöpferische Kraft zum Ausdruck kommt, die ihn über ein organismisches Funktionieren hinaushebt. Diese Auffassung drückt sich bereits in den archaischen Seelenvorstellungen der Naturvölker aus.

In der griechischen Antike kam etwas Weiteres hinzu. Nach Auffassung der griechischen Philosophen Platon und Aristoteles ist Seele nicht nur, was mit den Sinnen erfahren und mit dem Gemüt erlebt wird, sondern auch, was durch den Verstand vermittelt wird. Die Seele erhält einen geistigen Aspekt. Beseelt sein verbindet sich mit „Geist“, mit „Be-geist-erung“. In diesem antiken Seelenverständnis bilden Kopf und Herz eine Einheit. Aber auch die „geistvolle“ Seele ist nicht mit den Augen zu sehen, sondern nur mit Leib und Sprachsinn zu erspüren.

Die christliche Seelenvorstellung hat dann das archaische Bild einer basalen seelischen Erlebensdimension und das philosophische Verständnis einer Geist-Seele in eine umfassende leib-seelische Konzeption integriert. Sie hat zudem die archaisch-vitale und die antike be-geist-erte Seele mit der Erfahrung seelischen Leidens in Zusammenhang gebracht. Dieser Ansatz hat gerade auch arme, geknechtete oder benachteiligte Menschen des untergehenden römischen Reiches angesprochen.

Das christliche Seelenverständnis war zunächst ganzheitlich. Es wurde aber im Mittelalter relativiert. Durch die Anlehnung der mittelalterlichen Theologie an Paulus und an platonische Auffassungen machte sich eine Körperfeindlichkeit breit, die dem ursprünglich jüdisch-christlichen Denken fremd war. Dadurch wurde es in der Neuzeit leichter möglich, die leib-seelische Einheit zu zerschlagen und die Seele vom Körper abzutrennen. Der Leib verlor seinen umfassenden Aspekt. Die Seele wurde auf etwas Inneres reduziert. In der technisch-wissenschaftlich geprägten Moderne ist sie für viele Menschen nur noch eine religiöse oder ästhetische Nebensache.

Heute stehen wir wieder dort, wo die eingangs erzählte keltische Sage einsetzt. „Was man nicht sehen kann, existiert auch nicht." Da selbst die enormen Visualisierungsmöglichkeiten der Moderne außerstande sind, eine Seele nachzuweisen, ist im wissenschaftlichen Diskurs kaum mehr von der Seele die Rede. Auch Psychologie und Psychiatrie, die ihren Namen von der griechischen Bezeichnung für Seele (Psyche) herleiten, sind weitgehend seelenlose Wissenschaften geworden.

Die Abwendung von der Seele in Psychologie und Psychiatrie ist insofern konsequent, als beide Disziplinen zunehmend um eine Objektivierung ihrer Aussagen bemüht sind. Dadurch werden sie gezwungen, sich dem beobachtbaren Körper und seinem Verhalten zuzuwenden und das seelische Erleben in den Hintergrund zu stellen.

Die Sehnsucht nach dem Seelischen

Der Mensch ist aber nicht nur ein homo sapiens, sondern auch ein homo sentiens, ein fühlender Mensch. Es geht ihm nicht nur um Erkennen und Funktionieren, sondern auch um Empfinden, Fühlen und Handeln, kurzum das, was früher mit seelisch bedingter Lebendigkeit gemeint war. Gerade in unserer technisch-wissenschaftlich geprägten Zeit, die die Seele scheinbar beseitigt hat, ist ein solches Bedürfnis feststellbar. Je mehr der Mensch mit technischen Verfahren durchsichtig gemacht und mit biologischen und molekular-biologischen Daten verrechnet werden kann, desto deutlicher macht sich ein eigentlicher Hunger nach seelischem Erleben bemerkbar. Spannung und intensive Erlebnisse werden nicht nur in Kino und Fernsehen gesucht. Immer häufiger wird auch das eigene Leben als Selbstexperiment inszeniert.

Um sich intensiver zu spüren, wird der Körper z. B. im Sport bis zur Grenze oder darüber hinaus gefordert. Wer hätte sich früher vorstellen können, dass sich Menschen freiwillig an einem Seil 300 Meter in die Tiefe stürzen, in Kanus Wildbäche hinunterpreschen, hohe Hauswände erklettern oder mit S-Bahn-Surfen einen „Kick" holen? Von Manipulationen am eigenen Körper über gewagte Auftritte in der Öffentlichkeit bis zum Gebrauch stimulierender Drogen wird alles Mögliche eingesetzt, um sich besser oder überhaupt zu spüren.

Der Erlebnishunger des modernen Menschen ist nicht nur Symptom einer Gesellschaft, für die Wohlbefinden, ja Spaß, das höchste Gut ist. Er ist auch als Gegenreaktion auf die Technisierung und Rationalisierung des modernen Lebens zu verstehen. Auf die Abschaffung der Seele und die Auflösung des Körpers in kleinste Bruchstücke (Digitalisierung) folgt der verzweifelte Versuch vieler Menschen, sich vermehrt leib-seelisch zu spüren. Statt wie eine Maschine zu funktionieren, möchten sie im Thrill oder in der Meditation sich selbst erfahren.

Das Leiden am Verlust des Seelischen

Die Berücksichtigung einer solchen Tendenz lässt auch einzelne psychische Störungen, die für unsere Zeit besonders typisch sind, neu verstehen: Im modernen Erscheinungsbild depressiver Erkrankungen steht die Beeinträchtigung von Empfinden, Fühlen und Handeln im Zentrum. Anders als der Schuldkranke früherer Zeiten leidet der moderne Depressive an einer Art „Seelen-Losigkeit". (Davon handelte u. a. der zweite Teil des vorliegenden Buches.) Die depressive Person erfährt sich als interesse- und konzentrationslos, kraft- und entscheidungslos, empfindungs- und gefühllos – oder, wie es Rolf Lyssy aus persönlicher Erfahrung in „Swiss Paradise" beschrieben hat, als „ein dahin vegetierendes Stück Fleisch".

Der moderne depressive Mensch spricht zwar kaum mehr davon, dass ihm „die Seele" abhanden gekommen sei. Aber er vermisst ein gefühlvolles Erleben, das ihm Orientierung und Bedeutung gibt. In dieser Situation fühlt er sich bodenlos, der Sinnlosigkeit ausgeliefert. Im Gegensatz zur früheren Melancholielehre, die von einer Einbettung des Menschen in den Kosmos ausging und die Schwarzgalligkeit (Melancholie) in einen universalen Zusammenhang brachte, steht dem heutigen depressiven Menschen auf der Basis medizinischer Erklärungen nicht mehr der Ausweg offen, sich als Teil eines Weltganzen zu verstehen und daraus Sinn zu gewinnen. Er ist auf sich selbst zurückgeworfen, ohne im vorherrschenden objektivierenden Weltverständnis einen tragenden Grund zu finden.

Verzweifeltes Ringen um Identität

Lässt die depressive Störung das eigene Erleben dumpf werden, so weist die neuerdings um sich greifende Borderline-Problematik über eine solche vorübergehende Einbuße eines strukturierten Erlebensraumes hinaus. Menschen mit einer Borderline-Persönlichkeitsstörung scheitern oft daran, eine konstante Selbstvorstellung, ein „symbolisches Geflecht ihrer biographischen Erfahrungen“, zu entwickeln. Gerade weil sie ihrer Identität unsicher sind, suchen sie sich in intensiven Erlebnissen und Beziehungen wenigstens vorübergehend als einheitliche Personen zu spüren. Um der drohenden Leere bzw. einer leer laufenden körperlichen Mechanik zu entgehen, schrecken sie auch nicht vor außergewöhnlichen Mitteln wie Selbstverletzungen oder Magersucht zurück. In der Intensität ihres Suchens und ihres Scheiterns spiegelt sich das verzweifelte Bemühen wider, sich als beseelte Person zu erfahren. Aber ohne die Möglichkeit, leidvolle Erfahrungen symbolisch zu verarbeiten, lässt sich auch aus intensivstem Erleben keine strukturierte Selbstvorstellung gewinnen, kein innerer Raum, der in der abendländischen Tradition als „Seele“ bezeichnet wird.

Die dargestellte Art der Selbstsuche erscheint charakteristisch für eine Zeit, die durch Mobilität und Flexibilität gekennzeichnet ist und in der Kontinuität und Beständigkeit weder beruflich noch gesellschaftlich belohnt werden. Wo herkunftsorientierte Sicherheiten fallen und traditionelle Riten an Einfluss verlieren, ergreifen Menschen andere und neue Wege, um sich selbst zu spüren und um sich zu orientieren.

Der Zwiespalt des spätmodernen Menschen

Die Suche nach intensiven Erlebnissen ist nicht nur kulturkritisch zu hinterfragen. Es genügt auch nicht, sie bloß mit der sog. Risikokompensations-Hypothese zu begründen. Diese besagt, dass der Mensch ein abenteuerliches Risiko sucht, wenn er sich sinnlich unterfordert fühlt. Ist der Alltag zu monoton oder zu stark materiell abgesichert, neigt der Mensch dazu, gezielt Gefahren einzugehen, um einen Thrill zu erfahren. Dieser

Thrill entspricht einem leib-seelischen Erleben, indem durch körperliche Stimulation und seelisch erfahrene Gefahr ein Gemisch aus Angst und Lust entsteht.

Die Sehnsucht nach einem tiefen Erleben kann auch als eine Art „Seelenhunger“ verstanden werden. Sie zeigt auf, dass es nicht genügt, sich nur dem Sicht- und Machbaren zuzuwenden. Sie fordert heraus, dem Seelischen auf eine neue Weise Beachtung zu schenken. (Dies wurde im dritten Teil des vorliegenden Buches besprochen.)

Wie aber kann es gelingen, ein sinnlich-sinnhaftes Angebot zu machen, ohne konsumgewohnte Menschen einfach auf ein Produkt zu verpflichten, sondern sie einzubeziehen in einen schöpferischen Prozess, an dem sie teilhaben und den sie mitverantworten? Meines Erachtens setzt das voraus, dass Hilfe suchenden Menschen in der therapeutischen Beziehung eine Art Resonanzraum für ihr eigenes seelisches Erleben zur Verfügung gestellt wird. Damit ist gemeint, dass in Not geratene Personen Mitgefühl und Empathie erfahren. Zwar wird damit ein herabgestimmter Mensch nicht einfach „zum Klingen“ gebracht. Aber das einfühlende Mit-Spüren des Therapeuten erlaubt der Hilfe suchenden Person, ihre eigenen Empfindungen und Gefühle leichter zuzulassen. Empathische Resonanz kann verborgene oder abgelehnte Stimmungen „hörbarer“ machen. Während die intellektuelle Schärfe eines Therapeuten das Erspüren der Gefühle eher erschwert, weil das Denken immer eine Distanzierung vom unmittelbaren Erleben erfordert, kann die Anteilnahme und Empathie eines Therapeuten aufkommende Gefühle stärken.

Heute haben viele Menschen Mühe, ihre eigenen Gefühle achtsam wahrzunehmen (vgl. dazu insbesondere Kapitel 3 im dritten Buchteil). Man kann annehmen, dass diese Tatsache durch die heutigen gesellschaftlichen Verhältnisse mitbedingt ist. So dürfte eine auf Effizienz und Leistung orientierte Erziehung dazu beitragen, dass Menschen ihr unmittelbares Erleben weniger beachten, weil sie es als nebensächlich einschätzen. Empfindungen und Gefühle darben oftmals in einer Gesellschaft, in welcher die Vorstellung dominiert, jeder sollte möglichst funktional sein und rational denken.

Ein anderer Grund für das Verdrängen des eigenen seelischen Erlebens kann darin liegen, dass vom modernen Menschen vermehrt erwartet wird, dass er sich den Lebensumständen individuell anpasst und autonome Entscheidungen trifft. Die Vorstellung einer selbständigen Ich-Instanz kann dazu verführen, sich über die zugrunde liegende Lebenswelt zu erheben und sich darüber hinwegzusetzen. Nicht wenige Menschen erfahren das emotional gestimmte eigene Erleben als Gefährdung ihrer rationalen Selbstbestimmung. Sie stehen unter dem Eindruck, dass seelisches Erleben ihr gedankliches Selbstkonzept unterläuft, soweit sie es nicht durch selbstbestimmte Stimulation hervorrufen können. Dadurch entwickelt sich eine Angst vor dem Seelischen, eine Art „Seelenangst". Diese Seelenangst beraubt die von ihr Betroffenen der Möglichkeit, sich spontan erleben zu können.

Hilfe zur Überwindung der Seelenangst

Wie aber lässt sich vorstellen, dass bei empathischer Seelsorge oder achtsamer Psychotherapie unausgesprochene oder verdrängte Empfindungen und Gefühle dennoch zum Ausdruck finden? Neurowissenschaftliche Untersuchungen von Giacomo Riccolati und Mitarbeitern haben kürzlich sog. Spiegelneuronen entdeckt, die im Gehirn bei Beobachtung einer Tätigkeit eines anderen Artgenossen die gleichen Potentiale auslösen, wie wenn diese Tätigkeit vom Beobachtenden selber durchgeführt worden wäre. Wenn z. B. eine Person mit einer anderen redet, die sich gestisch ausdrückt, werden im Gehirn der ersten Person auf unbewusste und unwillkürliche Weise Nervenzellen aktiv, welche die Bewegungen des Gesprächspartners spiegeln. Das

Forschungsteam von Christian Keyser der Universität Groningen stellte bei freiwilligen Untersuchungspersonen fest, dass in deren Gehirn die gleichen Nervenzellen aktiviert werden, die bei von ihnen beobachteten Menschen durch Berührungsreiz hervorgerufen wurden. „Es ist, wie wenn du in die Schuhe einer anderen Person schlüpfst“ (Christian Keyser).

Spiegelneuronen können das Phänomen erklären, dass sich ein Mensch ein Stück weit in eine andere Person einfühlen kann. Zudem drücken sich in der Mimik eines Menschen oft auch versteckte Gefühle aus. Da das mimische Verhalten eines Menschen das emotionale Empfinden auch dann widerspiegelt, wenn dieser seine eigenen Emotionen nicht wahrnimmt, kann ein achtsamer Zuhörer auf ein sprachlich nicht geäußertes Empfinden und Fühlen des Gegenüber aufmerksam werden. Es entsteht dann im seelsorgerischen oder therapeutischen Gespräch ein Resonanzraum, der das zugrunde liegende Erleben verstärkt. Dieses „Zwischen“ von Therapeut und Patient, von Seelsorger und Hilfe Suchendem erlaubt es in günstigen Fällen, das Seelische aus der verborgenen Tiefe zu heben und zur Sprache zu bringen – eine Möglichkeit von außerordentlicher Bedeutung. Der Seelsorger oder Therapeut wird zum Geburtshelfer des Seelischen. Er kann dem Hilfe suchenden Menschen beistehen, sich über sein Erleben klarer zu werden. Damit kann aber auch die Angst vor dem Seelischen abgebaut werden. Statt die „Seele“ zu verleugnen, kann es zu einer Renaissance des Seelischen kommen. Das Erleben weitet sich.

Es können Er-fahrungen – gleichsam Fahrten ins bisher Unbekannte – gemacht werden, die einen Menschen zu dem führen, was ihn ausmacht. Diese Entdeckungsreise braucht aber „Seelenführer“, die um die Gefahren dieses Abenteuers wissen. Unnötige Konfrontationen mit allzu Schmerzhaftem sind ebenso zu vermeiden wie Risiken, die im Offenlegen des Verborgenen um seiner selbst willen liegen.

Nicht das Offenlegen ist das Ziel, sondern die erneute Kontaktaufnahme mit seelischen Aspekten, die der Hilfe suchende Mensch für sein Leben braucht. Auf diesem Weg ist kritischer Verstand nötig. Immer wieder ist das neu Erfahrene mit den zur Verfügung stehenden sprachlichen Mitteln zu bedenken. Die Entfaltung und Ausdifferenzierung des Seelenlebens ist keine Einbahnstraße. Sie bedingt im Dialog und Selbstgespräch ein stetes Vor und Zurück, nämlich ein Zurück zum primären vorsprachlichen Erleben und ein Vor mit Hilfe von distanzierender Beobachtung und kritischem Verstand.

Um den Zugang zum leib-seelischen Erlebensbereich zu erleichtern, stehen heute neben dem Gespräch verschiedene leiborientierte Therapieverfahren (wie Bewegungstherapie, bioenergetische Behandlungsformen etc.) zur Verfügung. Auch Meditationsverfahren sind eine Hilfe. Um das kritische Verständnis zu fördern, sind geistes- und naturwissenschaftliche Erkenntnisse nützlich.

Keines dieser Hilfsmittel vermag aber den Zugang zum seelischen Erleben zu erzwingen. Immer hat sich ein Mensch dem Seelischen selbst zu öffnen. Wenn dies geschieht, gewinnt er an Gleichgewicht und verliert an Egozentrizität. Der Weg zum Seelischen führt nicht in den Narzissmus, sondern zur Ehrfurcht vor dem Umfassenden, an dem er Anteil hat. Dies zu erfahren ist ein Geschenk, das bescheiden macht und zu einer persönlichen Antwort herausfordert

Dank

Zu diesem Buch habe ich viele Anregungen erhalten, sowohl von Menschen, die mich im Berufs- und Privatleben begleitet haben, wie auch von Autoren und Wissenschaftlern, die ihre Erlebnisse und Beobachtungen niedergeschrieben haben. Besonders zu danken habe ich Patientinnen und Patienten, die mir erlaubt haben, ihre persönlichen Erfahrungen in anonymisierter Form weiterzugeben.

Ein Buch zu schreiben und dabei einen „Erlebnis-Gedanken-Baum" zu bilden – wie sich ein ehemaliger Patient und heutiger Brieffreund ausdrückt – ist Herausforderung und Chance zugleich. Für mich war die Beschäftigung mit diesem Werk auch eine „Seelenreise". Ich suchte meine Beschäftigung mit dem Seelischen in Geschichte, Psychotherapie und Leben in Worte zu fassen, im Wissen darum, dass das Wichtigste immer zwischen die gewählten Sätze fällt.

Bei aller Begrenztheit möge das Buch zum Ausdruck bringen, dass das, worauf das Wort „Seele" verweist, das größte Geschenk für die Menschen ist. Auf dem Grabstein meiner Mutter ist der Psalmvers eingraviert: „Meine Seele ist stille zu Gott." Redend zu schweigen, wie es dieser Satz tut, ist etwas vom Geheimnisvollsten, das die Sprache zu leisten vermag.

Ich danke meinen Sekretärinnen Frau Ines Schibli und Frau Inge Mittelholzer für das unermüdliche Schreiben meiner textlichen Überarbeitungen, Frau lic. phil. Nicole Baur und Herrn Dr. Michael Pfaff für hilfreiche Verbesserungsvorschläge, Frau Dr. med. Jacqueline Dutli für die kritische Durchsicht des Textes und Frau Judith Mark vom Verlag Herder für das sorgsame ergänzende Lektorieren.

Daniel Hell

Literatur

Benedetti, Gaetano: Der Geisteskranke als Mitmensch, Vandenhoeck und Ruprecht, Göttingen, 1976

Benedetti, Gaetano: Klinische Psychotherapie, Hans Huber, Bern, 2. Auflage 1980

Böhme, Gernot: Leibsein als Aufgabe. Leibphilosophie in pragmatischer Hinsicht, Die Graue Edition, Zug, 2003

Bruckner, Pascal: Ich leide, also bin ich. Die Krankheit der Moderne, Suhrkamp, Frankfurt a. M., 2002

Buber, Martin: Das Dialogische Prinzip, Lambert Schneider, Heidelberg, 1962

Bürki-Fillenz, Hans F.: Psychotherapie oder Seelsorge? In: Hainz, Josef (Hrsg.): Heilung aus der Begegnung. Hans Trüb und die Psychotherapie, Selbstverlag Eppenhain, 2003

Dick, Andreas: Psychotherapie und Glück. Quellen und Prozesse seelischer Gesundheit, Hans Huber, Bern, 2003

Freud, Sigmund: Die Zukunft eine Illusion, in: Gesammelte Werke Band 14, S. Fischer, Frankfurt a. M., 1960

Furger, Andreas: Das Bild der Seele. Im Spiegel der Jahrtausende, Neue Zürcher Zeitung, Zürich, 1997

Gassmann, Jürg/Frick, Ria/Ruckstuhl, Urs: Freizeit – Langeweile oder Sinn des Lebens, Pro mente sana aktuell, Nr. 2, 2001

Goldschmidt, Georges-Arthur: Der bestrafte Narziss, Ammann, Zürich, 1994

Gronemeier, Marianne: O dass wir unsere Ururahnen wären, Studioheft ORF 40, 2003

Grün, Anselm: 50 Engel für das Jahr, Herder, Freiburg/Basel/Wien, 1997

Gugutzer, Robert: Leib, Körper und Identität, Verlag für Sozialwissenschaften, 2002

Handke, Peter: Versuch über den geglückten Tag, Suhrkamp, Frankfurt a. M., 1991

Hell, Daniel/Endrass, Jerôme/Vontobel, Jürg: Kurzes Lehrbuch der Psychiatrie, Hans Huber, Bern, 2003

Hell, Daniel: Die Sprache der Seele verstehen. Die Wüstenväter als Therapeuten, Herder, Freiburg/Basel/Wien, 5. Auflage 2004 (Hell 2004 a)

Hell, Daniel: Seelenhunger – der fühlende Mensch und die Wissenschaft vom Leben, Hans Huber, Bern, 2. Auflage 2003

Hell, Daniel: Welchen Sinn macht Depression? Ein integrativer Ansatz, Rowohlt, Reinbek bei Hamburg, 10. Auflage 2004 (Hell 2004 b)

Hinterhuber, Hartmann: Die Seele. Natur- und Kulturgeschichte von Psyche, Geist und Bewusstsein, Springer, Wien, 2001

James, William: The Varieties of Religious Experience. A Study in Human Nature, Penguin Books, New York, 1982

Jung, Carl Gustav: Briefe, Gesammelte Werke, Supplement, Walter, Olten, 1973

Jung, Carl Gustav: Psychologie und Religion, Rascher, Zürich und Stuttgart, 1962

Jung, Carl Gustav: Symbole der Wandlung, Gesammelte Werke Band 5, Walter, Olten, 1977

Lennig, Walter: Gottfried Benn in Selbstzeugnissen und Bilddokumenten, Rowohlt, Reinbek bei Hamburg, 1962

Lévinas, Emmanuel: Zwischen uns. Versuche über das Denken an den Anderen, Carl Hanser, München/Wien, 1995

Levine, Robert: Eine Landkarte der Zeit. Wie Kulturen mit Zeit umgehen, Piper, München/Zürich, 3. Aufl. 2000

Lyssy, Rolf: Swiss Paradise. Ein autobiographischer Bericht, Rüffler&Rub Sachbuchverlag, Zürich, 2. Auflage, 2001

Marti, Lorenz: Wie schnürt ein Mystiker seine Schuhe? Herder, Freiburg/Basel/Wien, 2004

Maslow, Abraham H.: Religions, Values and Peak-Experiences, Penguin Books, New York, 1976

Naef, Adrian: Nachtgängers Logik. Journal einer Odyssee, Suhrkamp, Frankfurt a. M., 2003

Nager, Frank: Das Herz als Symbol, Edition Roche, Basel, 1993

Nauer, Doris: Seelsorgekonzepte im Widerstreit, Kohlhammer, Stuttgart, 2001

O'Connor, Ulick: Irish Tales and Sagas. Town House and Country House, Dublin, 1996, reprinted 2002

Platon: Alkibiades u. a. Sämtliche Werke, Bd. 1, Rowohlt, Reinbek bei Hamburg, 1994

Posse, Margareta: Alexithymia: Background and Consequenses, Stockholm, 2002

Pro mente sana aktuell: Spiritualität in der Psychiatrie – ein Tabu? Heft 4, 2003

Rager, Günter/Quitterer, Josef/Runggaldier, Edmund: Unser Selbst – Identität im Wandel der neuronalen Prozesse, Ferdinand Schöningh, Paderborn, 2002

Rilke, Rainer Maria: Ausgewählte Gedichte, Suhrkamp, Frankfurt a. M., 1986

Rudin, Josef: Psychotherapie und Religion, Walter-Verlag, Olten und Freiburg i. B., 2. Auflage 1964

Scharfetter, Christian: Was weiß der Psychiater vom Menschen? Hans Huber, Bern, 2000

Schellenbaum, Peter: Ja aus Liebe. Hingabe, die Grenzen sprengt, Kösel, München, 2004

Schmitz, Hermann: Höhlengänge. Über die gegenwärtige Aufgabe der Philosophie, Akademie Verlag, Berlin, 1997
Staehelin, Balthasar: Heilung geschieht von innen. Herder, Freiburg/Basel/Wien, 2002
Stulz, Peter (Hrsg.): Theologie und Medizin, Chronos, Zürich, 2004
Svendsen, Lars H.: Kleine Philosophie der Langeweile, Insel Verlag, Frankfurt a. M., 2002
Taylor, Charles: Die Formen des Religiösen in der Gegenwart, Suhrkamp Taschenbuch Wissenschaft, Frankfurt a. M., 2002
Thich Nhat Hanh: Lächle deinem eigenen Herzen zu. Wege zu einem achtsamen Leben, Herder, Freiburg/Basel/Wien, 1995
Thoreau, Henry David: Vom Spazieren, Diogenes, Zürich, 2001
Trüb, Hans: Heilung aus der Begegnung, Ernst Klett, Stuttgart, 1951
Unschuld, Paul U.: Was ist Medizin? Westliche und östliche Wege der Heilkunst, Verlag C. H. Beck, München, 2003
Walter, Silja: Das Herz betet von selbst. Glaubenserfahrung, Paulusverlag, Freiburg/Schweiz, 2004
Wright, J. H. und Beck, A. T.: Kognitive Therapie. In: Sulz S. K. D. (Hrsg.): Verständnis und Therapie der Depression, E. Reinhardt, München/Basel, 1985
Yalom, Irvin: Existential Psychotherapy and Religios Consolation, Audictape APA, New Orleans 2001
Ziemer, Jürgen: Seelsorgelehre, Vandenhoeck und Ruprecht, Göttingen, 2. Auflage 2004

Rüdiger Rogoll
Nimm dich, wie du bist
Wie man mit sich einig werden kann
Band 5111
Transaktionsanalyse konkret: Wer innere Konflikte aufarbeitet, kommt auch mit seinen Mitmenschen besser zurecht.

Luise Reddemann
Eine Reise von 1.000 Meilen beginnt mit dem ersten Schritt
Seelische Kräfte entwickeln und fördern
Band 5448
Auf den ersten Schritt kommt es an: Neue Lebensfreude entdecken – die inneren Heilkräfte aktivieren. Die Autorin gibt hier ihre lange therapeutische Erfahrung weiter.

Arthur Samuels/Elisabeth Lukan
Im Einklang mit dem inneren Kind
Ein meditativer Weg zu sich selbst
Band 5086
Arthur Samuels Methode kombiniert Transaktionsanalyse mit Erfahrungen buddhistischer Meditationspraxis.

Die Energie des Lebens spüren
Wie Heilung geschieht
Hrsg. von Peter Schellenbaum
Band 5394
Der erfahrene Psychotherapeut zeigt Wege auf, um aus seelischer Verletzung zurückzufinden zu Lebendigkeit, Kreativität, Liebesfähigkeit.

Irmtraud Tarr
Loslassen – die Kunst, die vieles leichter macht
Band 5368
Loslassen, sich von alten Dingen trennen, sich auf das wirklich Wichtige einlassen: das führt zu mehr Gelassenheit.